세상을 보는 지혜

세상을 보는 지혜

The Art of Worldly Wisdom

발타자르 그라시안 지음 | 쇼펜하우어 편역 | 노희직 옮김

더클래식

차례

가라! 나의 손짓에 따르라.
젊은 시절에 노력하라.
좀 더 현명해지는 것을 배우라.
행운을 달아 보는 저울 위에서
성공이 보장되는 경우는 드물다.
당신은 올라가거나 내려가야 한다.
그리고 지배하고 승리해야 한다.
아니면 섬기고 패배해야 한다.
고뇌하거나 의기양양해야 하고
모루나 망치가 되어야 한다.

- 요한 볼프강 폰 괴테

독자에게

정당한 사람에게는 법이 필요 없고, 지혜로운 사람에게는 충고가 필요 없다. 하지만 아직 스스로 만족할 만큼 박식한 사람은 아무도 없다. 이제 당신은 어떤 면에서는 나를 용서하고 내게 감사해야 한다. 말하자면 일단 내가 이 지혜의 교본을 〈지혜의 경구〉라고 부른 것을 용서해야 하는데 사실 격언조의 간결한 문체 때문에 그런 명칭을 사용했다. 그 다음에는 내가 당신에게 일필로 그라시안의 저서 열두 권을 모두 제공한 것에 감사해야 한다. 왜냐하면 그 저서들은 모두 매우 높이 평가되어 그의 〈세상의 지혜로운 사람〉이 스페인에서 출간되자마자 이미 프랑스어로 번역되었고 궁정에서 읽히고 있기 때문이다. 본서는 지혜로운 사람들의 연회에서 더욱 빛나는 이성적인 사고의 책이 되어야 하는데 그 책 속에 기타 저서들에서 발견되는 지혜의 양식이 기록되어 있다.

빈센치오 후안 데 라스타노사, 1653년 씀

역자의 서문

아주 오래되고 정확하지 않은 《그라시안에 의한 궁신》이라는 잘못된 제목을 달고 프랑스어 번역판, 라틴어 번역판을 통해 세계적으로 유명해진 스페인어 서적이 있다. 반면 이 책은 원어판을 기준으로 번역된 유일한 독일어판이다. 앞서 1717년에 뮐러 박사가 출판한 번역본은 오늘날 전혀 읽을 수 없을 정도의 의역으로 간주될 수 있기 때문이다. 이 책에서의 번역은 두 언어의 근본적인 차이에도 불구하고 정확한 텍스트로 표현되었다. 독자는 말장난 몇 개를 제외하고는 원본 〈Oraculo manual, y arte prudencia〉가 정확히 번역되었다는 사실에 안심해도 좋다. 다만 어느 정도는 독자의 역량을 믿고 정확한 번역을 위해 직역했다.

프랑크푸르트, 1832년
아르투르 쇼펜하우어

1

모든 것은 극도로 발전했다. 그중 자신을 관철하는 기술은 절정에 이르렀다. 오늘날 한 명의 현인이 이루어 낸 자아 성찰의 정도는 과거에 일곱 명의 현인이 이루어 낸 것보다 더 깊다. 오늘날 한 사람을 마음대로 다루기 위해서는 과거에 한 민족을 다루던 것보다 더 많은 것들이 요구되고 있다.

2

마음과 머리는 우리의 능력이며 또한 태양의 양극이다. 그중에 한 가지만 신경 쓰고 있다면 절반의 행복만을 누리고 있는 것이다. 살아가는 데에는 지식만으로는 충분하지 않고 마음을 다스리는 자세도 필요하다. 어리석은 사람은 신분, 직위, 나라 그리고 사람들과의 교제에서 자신의 사명(使命)을 다하지 않았기 때문에 불행에 빠지고 만다.

3

자신의 의도를 명확히 밝히지 말라. 패를 드러내 놓고 카드 게임을 하면 유익하지도 유쾌하지도 않다. 특히 많은 사람의 주목을 받는 지위에 있는 사람은 자신의 의도를 바로 알리지 않음으로써 기대감을 자극한다. 모든 일에서 비밀스러운 면을 갖추고 그것을 강점으로 삼아 경외심을 자극하라. 심지어 자신의 속내를 털어놓으며 사람과 사귈 때에도 모두에게 내면을 열어서는 안 된다. 지나치게 개방적인 것을 피하라. 적절한 침묵은 신중함의 다른 얼굴이다. 분명하고 세밀한 계획은 높이 평가될 수 없고 오히려 비난에 노출되기 쉬우며, 부정적인 결과가 나타나면 두 배로 불행해질 것이다. 그러니 신의 섭리를 모방하듯 사람들을 추측과 불안 속에 가둬 두어라.

4

지식과 용기는 위대함을 낳는다. 그 두 가지는 불멸이기 때문에 위대함을 사라지지 않게 만든다. 모든 사람은 자신이 아는 만큼만 할 수 있다. 그러므로 현자는 모든 것을 할 수 있다. 지식이 없는 인간은 암흑 속의 세계에 있는 것과 같다. 그리고 지식과 용기는 두 눈과 양손의 관계와 같다. 따라서 용기가 없는 지식은 비생산적이다.

5

자신을 따르는 사람을 만들라. 도금사가 아니라 숭배자가 우상을 만드는 법이다. 현명한 사람은 사람들이 우상을 필요로 한다는 것을 알고 있다. 그러나 갈증을 해소한 사람은 곧 샘에 등을 돌리고 으깨진 오렌지는 황금빛 사발에서 거름 속으로 굴러 떨어진다. 좋은 소문은 금방 사그라지며 소문과 더불어 존경심도 끝날 것이다. 그러므로 희망을 주되 그것이 결코 완전히 충족되도록 만들어서는 안 되며, 심지어 왕관을 쓴 군주에게도 언제나 희망이 필요한 상태에 머물도록 해야 한다. 하지만 그들이 실수할 만큼 침묵을 지켜 지나치게 신비감을 과장해서는 안 되고, 자신의 이익을 위해 누군가 손해를 보게 해서는 안 된다.

6

자신의 완성에 도달하라. 사람은 완성된 상태로 태어나지 않는다. 모든 능력과 탁월한 개성이 완전히 발휘되는 완성의 지점에 도달할 때까지, 사람은 매일 인격과 능력을 더욱더 완벽하게 다듬어야 한다. 이것은 취미가 고상해지고 사고가 순화되고 판단이 성숙해지며 의지가 순수해지는 데서 나타난다. 많은 사람들은 결코 완성에 도달하지 못하며, 그들에게는 무엇인가 부족한 경우가 많다. 사실 대부분의 사람들은 늦게 성숙해진다. 따라서 지혜롭게 말하며 현명한 행동을 하는 완벽한 사람은 분별 있는 사람들과 쉽게 어울릴 수 있다.

7

상사를 넘어서는 것을 조심하라. 탁월한 모든 것은 저주의 대상이 되지만 특히 자신의 윗사람을 능가하는 것은 큰 타격이 될 수 있다. 신중한 사람은 자신의 아름다움을 너절한 옷을 통해 부인하듯 저속한 장점을 감출 것이다. 그는 행복과 온유한 기질에 있어서는 낮은 수준에 머무를지도 모르지만 이성에 있어서는 누구에게도 뒤지지 않을 것이다. 이성은 최고의 성격이고 그에 대한 공격은 대역죄로 치부되기 때문이다. 당신의 윗사람들은 이미 군주이며 또한 가장 중요한 일에서 군주로 행세하고자 한다. 그들은 사람들이 자신들을 도와주는 것은 좋아할지 모르지만 자신들을 능가하는 것은 좋아하지 않는다. 따라서 그들에게 조언하려면 그들이 발견하지 못했던 것이 아니라 오히려 그들이 잊어버렸던 것에 대한 기억을 되살려주는 것처럼 보여야 한다.

8

냉정한 사람이 되어라. 이것은 그 자체로 매우 위대한 성격이고 평범한 외면을 뛰어넘는 우월성 그 자체다. 자신과 스스로의 감정에 대한 지배보다 더 훌륭한 지배는 없고 그 지배를 통해 자유 의지는 승리한다. 열정에 사로잡힌 사람은 감히 직위를 맡아서는 안 되고 그 직위가 높으면 높을수록 맡는 일이 적어야 한다. 냉정함이란, 불쾌한 일을 감수할 용기만 있다면 최단 시간 안에 명성을 얻는 고상한 방식이다.

9

민족적 과오를 부인하라. 흐르는 물은 지층의 성질을 따라 변하며 인간은 그가 태어난 곳에서 큰 영향을 받는다. 어떤 사람들은 비교적 유리한 땅과 하늘을 차지해 다른 사람들보다 더 많이 국가의 덕을 보고 있다. 가장 뛰어난 민족들도 나름대로의 과오를 지니고 있다. (인접한 민족들은 그것을 단속하거나 자기 만족을 위해서 그런 과오를 반드시 비난한다.) 사실 자기 민족의 결함 자체를 개선하거나 은폐하는 행위는 민족적으로 영예로운 일에 속한다. 그것을 통해 거의 기대하지 않았던 것이 매우 높게 평가되기도 한다. 마찬가지로 가족, 신분, 직위 그리고 연령에 따른 과오도 존재한다. 그런 것들을 주의 깊게 다루어야 한다. 주의 깊지 않은 사람이 여러 과오를 인정하지 않는 행태를 보이면, 그 사람은 괴물이 된다.

10

행운과 영예. 훌륭한 사람에게 행운이 지속되지 않는다면 영예가 지속된다. 행운은 살아가는 동안 생기고 영예는 나중에 생긴다. 행운은 시기에 좌우되며 영예는 잊히지 않는다. 행운은 소망의 대상이며 때때로 이유없이 생기기도 하지만 영예는 행동에 따라 자연스럽게 얻어지는 것이다. 만약 영예에 대한 소망을 가진다면 그것은 영예가 지니는 가치 때문이다. 영예와 관련된 풍문은 대단한 위력을 지니고 있으며 막강한 것, 엄청난 것 혹은 기적, 혐오나 박수갈채의 대상을 따른다.

11

배울 것이 있는 사람과 교제하라. 타인과의 교제는 지식을 얻는 통로이며 교육적 가르침의 즐거움 그 자체다. 친구들을 스승으로 생각하며 학습의 이득과 담소의 즐거움을 균형 있게 받아들여라. 사람들은 이야기하며 박수갈채를 받고 이야기를 들으면서 이득을 얻고, 통찰력이 있는 사람들과 함께 많은 것을 향유한다. 우리의 주의를 다른 사람들에게 돌릴 때는 보통 우리의 관심이 그쪽으로 향했기 때문이다. 생각이 깊은 사람은 훌륭한 궁신들의 저택을 자주 방문하는데 그 집들은 허영심의 궁전이라기보다는 위대함이 녹아 있는 무대다. 세상의 지혜라는 명성을 누리고 있는 군주들이 있다. 그들은 그들의 본보기와 교제를 통해서 모든 위대한 지혜의 경구 그 자체가 된다. 그들을 둘러싸고 있는 무리는 훌륭하고 고귀한 지혜의 궁정 학교를 형성한다.

12

자연과 예술은 재료와 작품이다. 도움이 없이 홀로 생겨나는 아름다움은 존재하지 않는다. 마찬가지로 모든 완벽성은 그것이 예술에 의해 고양되지 않으면 야만적인 상태로 변질된다. 예술은 나쁜 것을 시정하고 좋은 것을 완벽하게 한다. 예술에 집중하자. 예술이 없이는 매우 뛰어난 천부적 소질도 미개한 상태에 머물러 버리고 만다. 완벽성에 교양이 결여되어 있으면 절반의 성공밖에 이루지 못한다. 모든 인간은 거친 면을 지니고 있고 완벽함을 위해서는 섬세함이 필요하다.

13

나 자신의 의도를 여러 방면에서 실현시켜라. 전쟁은 인간의 악의에 대항한 인간의 삶이다. 지혜는 전쟁의 술책을 사용해 사람을 인도한다. 지혜로운 사람은 능숙하게 적과 거리를 두며, 그 다음에 늘 그 게임을 은폐하기 위한 계획을 세워 두고 현실 속에서 모든 변수들을 가늠하며 일을 수행한다. 어떤 면에서는 적의 주의를 끌기 위해서 적들이 현실을 어느 정도 인식하도록 만들지만 곧 아무도 생각하지 못한 것을 통해 승리한다. 다른 한편으로는 예리한 통찰력을 발휘해 다른 지혜가 떠오르기를 기다리고, 교활할 정도로 심사숙고하며 적진을 정탐하기도 한다. 그러면서 늘 사람들이 암시하는 것의 다른 면을 이해하고 부정적인 기색을 인식한다. 자신의 술책을 더 효과적으로 만들기 위해 게임 자체의 틀을 바꾸고 그렇게 기만의 근거를 가장 완벽한 정직성 안에 둠으로써 진실된 것을 가장된 것이 되게 한다. 그러나 교활한 관찰자는 조심스럽게, 또한 예리하게 빛 속에 가려진 어두움을 발견한다. 그렇게 솔직할수록 더욱더 기만적인, 숨겨진 의도를 밝혀내는 것이다.

14

사태와 방식. 어떤 사태가 벌어졌을 때 그 본질이 뚜렷하지 않은 경우에는 더 자세히 상황을 파악해야 한다. 나쁜 방식은 모든 것, 심지어는 올바름과 이성까지 파멸시킨다. 반면에 좋은 방식은 모든 것을 대체할 수 있고 부정을 덮어버리고 진실을 더 아름답게 한다. 그것은 일에 있어서 아주 많은 부분을 차지한다. 그에 덧붙여지는 공손한 예절은 사람들의 마음을 훔친다. 아름다운 처신은 삶의 장식이고 유쾌한 표현은 모든 사람들에게 훌륭한 도움이 된다.

15

자신의 편을 만들어라. 권력자들은 탁월한 통찰력을 갖고 있는 사람들과 어울릴 수 있다는 행운이 있다. 그들은 사람들을 무지에서 구해 내고 어려운 논쟁적 주제들을 논의해야 한다. 직무를 처리할 때 지혜로운 사람들과 함께할 수 있다면 매우 위대한 일을 성취할 수 있다. 그러한 위대성은 생포된 왕을 하인으로 삼는 데서 즐거움을 얻은 티그란의 야만적인 취미에 비할 바가 아니다. 우리보다 높은 위치에 있는 사람들을 인위적인 방법으로 다스리는 것은 아주 새롭고 훌륭한 일이다. 지식은 길고 인생은 짧다. 아무것도 모르는 사람은 살아가지 못한다. 박식해지기 위해 별다른 힘을 들이지 않고서도 많은 사람들과의 대화를 통해 지식을 쌓아나가는 것은 대단히 현명한 일이다. 모임에서 많은 사람들을 위해 자신이 주도적으로 이야기할 수 있으면 타인에게서 '지혜로운 자'라는 영예로운 칭호를 얻게 된다. 우리를 도와주는 사람들은 무엇보다도 교훈을 함께 찾고, 그 후 깨달음의 정수를 얻어 그것을 우리를 위해 활용한다. 지혜로운 사람들과 많은 시간을 함께할 수 없는 사람은 그들과의 사연스러운 교제를 통해 그들의 능력을 활용해야 한다.

16

정직한 의도가 내포된 통찰력을 지녀라. 그것은 전반적인 성공을 보장한다. 악의와 결합된 선의는 부자연스러운 괴물과 다름없다. 악의는 완벽성의 독이다. 지능적인 악의는 타인을 더

치밀하게 파괴한다. 타락에 사용되는 지독한 우월성이여! 이성이 없는 과학은 일반적인 이성보다 훨씬 더 어리석다.

17

처리 방식에서 변화를 꾀하라. 당신의 적대자를 안심하게 만드는, 똑같은 방식의 일 처리는 금물이다. 첫 번째 계획을 곧바로 실행하지 말라. 적대자들은 그런 단조로운 진행을 곧 알아채고 우리를 앞질러 가서는 우리를 기다리거나 우리가 좌절하도록 만들 것이다. 직선 방향으로 날아가는 새를 명중시키는 것은 쉽지만 곡선 방향으로 날아가는 새를 명중시키는 것은 쉽지 않다. 그리고 두 번째 계획을 실행하는 것이 좋은 방법만은 아니다. 왜냐하면 이미 두 번째 시도에서는 적들이 그 간계를 알고 있기 때문이다. 이미 도사리고 있는 악의를 속이기 위해서는 그것을 뛰어넘는 교활함이 필요하다. 게임을 잘 아는 사람은 결코 적이 추측할 수 있는 카드를 내지 않으며 적이 원하는 카드는 더욱더 내지 않는다.

18

근면과 재능. 이 두 가지가 없이는 탁월한 능력을 발휘할 수 없지만 그것들을 자신 속에 합일시키면 그 사람은 아주 탁월한 사람이 된다. 평범하지만 부지런한 사람은 우월하지만 부지런하지 않은 사람보다 발전한다. 노동이라는 것은 영예를 얻기 위해 치르는 대가다. 대가를 덜 치르는 결과는 그 가치도 떨어진다. 심지어 최고위직에 있는 사람들을 보더라도 부지런하지 않고 재능만 있는 경우는 드물었다. 낮은 지위에서 탁월하기보다는 차라리 높은 지위에 평범한 상태로 있는 것은 용서된다. 한편 최고위직에서 탁월할 수 있는데도 최하위직에서 평범한 상태에 만족하는 것은 용서되지 않는다. 말하자면 삶에는 기술이 요구되며 근면은 그것을 완성한다.

19

지나친 기대 속에서 모습을 드러내지 말라. 상찬을 받은 모든 이의 불행은 지속되는 과도한 기대에 결국 부응할 수 없는 것이다. 현실은 결코 상상에 도달할 수 없다. 왜냐하면 완벽성을 생각하는 것은 쉽고 그것을 실현하는 것은 매우 어렵기 때문이다. 상상력은 소망과 결합되고 그래서 있는 그대로의 현실보다 더 커지고 만다. 그래서 아무리 탁월하다고 해도 쏟아지는 기대를 충족시킬 수 없다. 희망은 진실을 크게 왜곡한다. 지혜로운 사람은 그런 상황을 지양하는 동시에 즐거움이 그들의 기대 이상이 되도록 배려해야 한다. 남 앞에 나설 때 이미 어느 정도 스스로 의견을 갖고 있다는 것은 보통 관찰자의 주의를 자극하곤 한다. 항상 현실이 기대 이상이면 좋겠지만 나쁜 일에 있어서는 좀 다른 면이 있다. 나쁜 일에는 과장이 유익한데, 그렇게 부풀려진 나쁜 일을 보거나 당하면 그 다음에는 아주 혐오스러운 대상도 참을 수 있는 것으로 여겨지기 때문이다.

20

자신의 시대에 어울리는 사람. 시대의 영향을 잘 받아들이는 사람은 대단히 드물다. 모든 사람들이 스스로에게 어울리는 시대를 발견하는 행운을 누리지는 못한다. 또한 많은 사람들이 그런 시대를 발견했지만 이용하지 못했다. 어떤 사람들은 더 나은 시대에 적합한 인물이었다. 모든 것은 때가 있는 법이고 심지어 최고의 성품도 유행에 따르게 된다. 그렇지만 지혜로운 사람은 그 지혜와 영예가 불멸하리라는 장점이 있다. 이 시대가 그에게 맞지 않는다면 장차 그에게 맞는 다른 시대가 도래할 것이다.

21

행운을 얻을 기술. 행운을 얻기 위한 규칙이 있다. 현명한 사람에게 모든 것은 우연이 아니기 때문이다. 노력은 행운을 찾도록 도와준다. 어떤 사람들은 행운의 여신이 있는 문의 옆에 가만히 서서 그 문이 열리기를 기대하는 것에 만족한다. 좀 더 나은 사람들은 스스로 발전하려고 애를 쓰고 가치와 대담성을 활용해 용기의 날개를 타고 여신에게 날아가 그녀의 호의를 얻는다. 그렇지만 생각해 보면 행운을 위해서는 미덕과 사리분별의 방법 이외에는 다른 길이 없다. 누구나 지혜로운 만큼 행복해지고 어리석은 만큼 불행해진다.

22

바람직한 지식을 갖고 있는 사람. 똑똑한 사람들은 우아하고 고상한 취향에 따른 박학다식으로 무장했고 평범하지 않은 적절한 지식을 갖고 있다. 그들은 올바른 시기에 사용할 줄 아는 재치 있는 말과 고귀한 행위를 보여 준다. 사실 좋은 조언은 종종 진지한 가르침의 형태보다 재치 있는 한마디로 전수되었다. 그리고 통용되는 지식은 어떤 다른 기술 이상으로 사람들을 많이 도와주었다.

23

결점이 생기지 않도록 하라. 이것은 완벽함의 필수적인 조건이다. 육체적, 정신적인 면에서 결점이 없는 사람은 없다. 하지만 훌륭한 사람들은 결점을 중시하기도 하는데 왜냐하면 결점을 비교적 쉽게 개선할 수 있기 때문이다. 유감스럽게도 숭고한 능력에 사소한 과실이 있는 경우가 아주 흔하다. 그리고 하늘 전체를 어둡게 하는 데는 한 점의 구름이면 충분하다. 우리의 명성을 해치는 결점도 마찬가지다. 적의는 그 결점을 즉시 발견하고 그것을 잊지 않는다. 가장 뛰어난 수완은 케사르가 자신의 신체적 결함을 월계수로 가렸던 것처럼 우리의 결함 또한 장식을 통해 변화하도록 만드는 일일 것이다.

24

때로는 질책하고 때로는 돕는 것을 통해 상상력을 다스려라. 왜냐하면 상상력은 우리의 행운을 마음대로 조종할 수 있고 우리의 이성조차도 다스릴 수 있기 때문이다. 상상력은 포악한 힘을 가질 수도 있고 한가하게 관조한다기보다 굉장히 활동적이며, 심지어 어리석음의 정도에 따라서 쾌락이나 슬픔으로 우리의 삶 전체를 사로잡는다. 왜냐하면 상상력은 우리의 만족과 불만족을 좌우하고 사람들에게는 지속적인 고뇌를 유발하며 바보들의 이성에는 사형을 집행하기 때문이다. 우리 자신이 현명하게 상상력에 재갈을 물린다면 상상력은 좋은 힘을 발휘할 수 있다.

25

암시를 이해하라. 예전에는 연설을 하는 것이 기술 중의 기술이었지만 더 이상은 그렇지 않다. 이제는 그 연설이 어떻게 우리의 마음을 겨냥하는지를 추측할 수 있어야 한다. 이해력이 부족한 사람은 주변 사람들을 세심하게 배려하기 어렵다. 사실 우리에게 가장 중요한 진실은 늘 그 절반만 표명된다. 주의 깊은 사람만이 그것을 완전히 이해하고 파악한다.

26

모든 사람에게서 문책할 만한 점을 찾아라. 이것은 다른 사람들의 의지를 움직이는 기술이다. 그리고 그 기술은 견고성이라기보다는 능숙함의 영역에 속한다. 힘을 가지려면 어디서 다른 사람과 맞서야 하는지 알아야 한다. 우리는 취향의 다양성에 따라 독특한 성향을 갖고 있다. 모든 사람은 우상을 숭배하는데 어떤 사람은 명예를, 어떤 사람은 관심을, 대부분의 사람들은 쾌락을 숭배한다. 개개인의 우상을 알아내서 그것을 이용하여 그를 다루는 것이 바로 기술이다. 각자의 실제적인 동기가 무엇인지를 알면 그의 의지를 움직이는 열쇠를 쥐게 된다. 그리고 처음부터 사람의 마음속을 꿰뚫어보아야 한다. 왜냐하면 세상에는 이성이 잘 정돈된 사람들보다 잘 정돈되지 않은 사람들이 더 많기 때문이다. 우선 상대의 심성을 다루어야 하고 그 다음에 한마디 말을 통해 동기를 부여해야 하며 마지막으로 그 사람이 좋아하는 것을 도마 위에 올려 공격해야 한다. 그러면 틀림없이 그를 지배할 수 있다.

27

포괄적인 것보다 집중적인 것을 더 높이 평가하라. 완벽성은 양이 아니라 질에 있다. 탁월한 사람은 늘 드물며, 넘치는 일 때문에 완벽성은 뒷전으로 밀리곤 한다. 일부는 마치 책들이 두뇌가 아니라 팔을 훈련하기 위해 만들어진 것처럼 책을 그 두께로 평가한다. 이렇듯 포괄적인 것만으로는 결코 중간 수준을 넘어설 수 없다. 다재다능한 사람들이 고뇌하는 이유는 그들이 모든 면에서 정통하기를 원하지만 사실 어느 것에도 정통하지 않다는 사실을 스스로 알기 때문이다. 그러나 그들이 집중을 하게 되면 탁월성이 두드러지게 되고 게다가 숭고한 분야에서라면 영웅적인 탁월성이 드러나게 된다.

28

절대로 평범해서는 안 된다. 첫째, 취향에 있어서 평범하지 말라. 그저 평범한 박수갈채는 분별력 있는 사람을 만족시키지 못한다. 반면에 특별한 사람들은 인기의 진정한 위력을 알고, 그래서 자신의 지향점을 아폴로의 부드러운 숨결이 아니라 거대한 무리의 호흡에 둔다. 둘째, 이성적인 면에 있어서 평범하지 말라. 조그마한 기적에 만족하지 말라. 어떤 일이 일어났을 때, 어리석은 대중은 감탄하는 반면 개인의 이성은 그 일이 그저 대중에 대한 기만임을 알고 있다.

29

곧은 사람이 되라. 곧은 사람은 늘 거대한 무리의 열정도 전제 군주의 폭력도 그로 하여금 법의 한계를 위반하지 못하게 할 정도로 확고하게 진실의 편에 서 있다. 다만 정의의 불사조는 누구인가? 아마도 정직성을 진정으로 추구하는 사람들은 별로 없을 것이다. 많은 사람들이 정직성을 찬양하지만 부귀영화나 명성을 얻으려고 칭찬하지는 않는다. 또 어떤 사람들은 정직성을 지향하지만 그 다음에 안 좋은 일이 벌어지면 곧바로 정치적인 사람들을 비난한다. 왜냐하면 그들은 우정, 권력 혹은 자신의 이해관계에 적대적으로 대응하는 존재만을 고려하기 때문이다. 영리한 사람들은 신분이 더 높은 사람들이나 국가 정책의 의도를 방해하지 않기 위해서 일단 지켜본다. 그렇지만 어떤 사람들은 모든 위장을 일종의 배반이라고 생각한다. 어쨌든 그는 자신의 가치를 지혜로움보다는 흔들리지 않는 확고함에 둔다. 그는 늘 진실을 추구한다. 만약 그가 어떤 당파로부터 멀어진다면 줏대가 없어서가 아니라 당파의 입장이 변했기 때문이다.

30

명성을 해칠 일을 지지하지 말라. 명성보다는 오히려 경멸을 가져다주는 환상을 신뢰하지도 말라. 현명한 사람이 멀리하는 여러 가지 변덕스러운 요인들이 있다. 그러나 지혜로운 사람들이 기피한 것을 추구하며 그런 일에서 만족감을 얻는 기묘한 취향을 가진 사람들 또한 존재한다. 그것을 통해 그들은 유명해지지만 영예보다는 조소의 대상이 된다. 신중한 사람은 지혜조차도 확실히 드러내지 않을 것이며 그 추종자들을 우스꽝스럽게 만드는 일은 더욱더 하지 않을 것이다.

31

행복한 사람과 가까이 지내라. 불행은 대부분 어리석음에 대한 벌이다. 작은 악조차도 받아들여서는 안 된다. 왜냐하면 그 배후에는 늘 더 큰 악이 있기 때문이다. 카드놀이에서 가장 중요하고 섬세한 기술은 올바른 패를 내는 데 있다. 지금 으뜸패인 제일 작은 카드는 이전에 으뜸패였던 제일 큰 카드보다 중요하다. 만약 뭔가 의심스러우면 가장 좋은 방안은 현명하고 신중한 사람들을 따르는 것인데 왜냐하면 그들은 일찍 혹은 늦게라도 행운을 누리기 때문이다.

32

호의를 베풀어 명성을 누려라. 정권을 장악하는 사람들의 명성은 그들이 다른 사람들에게 호의를 베풂으로써 더 커지곤 한다. 호의를 베푸는 것은 지배자들이 지닌 성격으로 그들은 그것을 통해 더욱 큰 호의를 얻는다. 이것은 최고의 권력이 부여하는 유일한 장점, 즉 다른 사람들보다 더 많은 선을 베풀 수 있는 가능성이다. 친구들은 우의를 베푸는 사람들이다. 반면에 번거로움 때문이라기보다는 악의 때문에 비호의적인 데에 전념하는 사람들이 있다. 그들은 신의 자비와 완전히 반대되는 사람들이다.

33

피할 줄 알아라. 커다란 삶의 규칙이 거절할 줄 알아야 하는 것이라면 더 중요한 삶의 규칙은 자신뿐만 아니라 사람을 거절할 줄 알아야 하는 것이다. 소중한 시간을 좀먹는 낯선 일들이 있다! 무례한 일에 종사하는 것은 아무것도 하지 않는 것보다 나쁘다. 사려 깊은 사람이라면 다른 사람들이 부담을 느끼지 않도록 배려해야 한다. 자기 자신을 잃을 정도로 다른 사람들과 어울려서는 안 된다. 마찬가지로 친구들을 남용해서도 안 된다. 모든 과도함은 잘못이지만 특히 사람 간의 교제에서는 가장 잘못된 일이다. 현명하게 절제하면 모든 사람들의 호의와 존경을 얻을 수 있을 것이다. 왜냐하면 예절은 결국 높이 평가되기 때문이다. 그러므로 자신이 가진 성향을 따라 자신이 선택한 것을 내면적으로 사랑하며 좋은 취향의 정직성을 왜곡하지 말라.

34

자신의 지배적인 능력과 두드러진 재능을 알라. 그 다음에 능력을 개발하고 나머지 재능을 키워라. 만약 모든 사람이 자신의 장점을 제대로 안다면 분명히 어떤 면에서든 탁월해졌을 것이다. 그러므로 자신의 우월한 개성을 관찰하고 그 개성을 위해 부지런히 힘쓰라. 어떤 사람들은 이성적이고 또 어떤 사람들은 대담하다. 그러나 대부분의 사람들은 그들의 소질을 왜곡하고 그 때문에 어떤 것에서도 우월감을 성취하지 못한다. 처음에 정열에 휘둘린 일은 시간이 지나면 오류였다고 판명된다.

35

가장 중요한 일에 대해 많이 숙고하라. 모든 바보들은 생각하지 않기 때문에 파멸한다. 그들은 어떤 상황에 놓였을 때 실제의 절반도 보지 못한다. 그리고 그들은 자신들의 손해나 이익을 전혀 파악하지 못할 정도로 노력을 별로 하지 않기 때문에, 중요하지 않은 것에 커다란 가치를 부여하고 훨씬 더 중요한 것에는 늘 불합리하게 고려하면서 가치를 별로 부여하지 않는다. 많은 사람들은 이성적이지 못하여 약간의 이성마저도 잃어버린다. 정신적인 노력으로 연구하고 그 다음에 정신의 깊이 속에 간직해야 할 일들이 있다. 현명한 사람은 모든 일을 숙고

한다. 그는 저항에 부딪힐 때도 침착함을 유지하고 때때로 자신이 생각하는 것보다 더 많은 것들이 있다고 생각한다. 그 정도로 그의 숙고는 그의 우려보다 더 멀리까지 영향을 미친다.

36

행동하고 관여하기 위해서 자신의 행운을 고려하라. 그것이 기질의 관찰보다 더 중요하다. 그러나 40세가 되어서야 건강을 체크하는 사람이 바보라면 그제야 비로소 지혜를 구하고 찾는 사람은 더욱더 바보다. 때로는 행운을 기다리고 -왜냐하면 기다림도 때때로 성과가 있을 수 있기 때문이다- 때로는 제때 그것을 이용함으로써 자신의 행운을 주도할 줄 아는 것은 커다란 기술이다. 왜냐하면 행운은 그 진행이 불규칙적이라 해도 어느 정도 주기를 유지하고 기회를 제공하기 때문이다. 행운을 포착한 사람은 과감하게 전진해야 한다. 왜냐하면 행운은 용감한 사람들을 정열적으로 사랑하고 아름다운 여인이 되어 소년들을 사랑하기 때문이다. 그러나 불행한 사람은 더 이상 아무것도 해서는 안 된다. 오히려 아직도 자신의 머리 위에 떠있는 악운의 별에 다른 시련이 더해지지 않도록 후퇴해야 한다.

37

빈정대는 말을 알고 적용할 줄 알라. 이것은 인간관계에서 가장 섬세한 일이다. 빈정대는 말은 사람들을 시험하기 위해서 던져지고 동시에 그들의 마음을 아주 은밀하고 강렬하게 테스트한다. 다른 종류의 빈정대는 말도 있는데 이것은 악의적이고 무모하여 시기라는 독에 의해 전염된 해악이다. 예기치 못한 번개 같은 독설은 그 희생자를 모든 호의와 존경심으로부터 갑자기 내동댕이쳐지게 한다. 그런 종류의 말 한마디에 타격을 받아 많은 사람들은 권력자나 평범한 사람들의 긴밀한 신뢰로부터 추락했다. 하지만 또 다른 종류의 빈정대는 말은 우리의 명성을 지지하고 강화함으로써 상반된 의미로 작용한다. 다만 고의로 빈정대는 말을 내던질 때는 능숙하고 주의 깊게 수용하고 사려 깊게 기대해야 한다.

38

승리하기 위해 행운을 기대하지 말고 노력하라. 명성 있는 모든 도박사들은 그렇게 한다. 멋진 후퇴는 과감한 공격만큼 가치가 있다. 오랫동안 지속되는 행운은 의심해 봐야 한다. 분명 달콤새콤한 행운은 누구의 취향에나 맞는 것이다. 그러나 행운이 더 많이 쌓이면 쌓일수록 더욱더 행운에 기대게 하고 모든 사람들을 추락하게 만들 위험이 있다. 행운이라는 것은 어떤 사람에게 아주 오랫동안 지속되지 않는다.

39

일이 궤도에 오른 것을 확인한 다음 그것을 향유하라. 자연의 작품들은 모두 완벽한 절정에 도달한다. 반면에 예술 작품들 중에서 더 이상 개선할 수 없을 정도로 완벽한 작품들은 소수에 불과하다. 모든 것을 완벽한 지점에서 향유하는 것은 훌륭한 일이다. 모든 사람들이 그렇게 할 수 있는 것은 아니지만 그것을 할 수 있는 사람들은 분명히 존재한다. 심지어 정신의 결실에 있어서도 성숙한 시점이 있다. 평가뿐만 아니라 결실이 실제로 나타나는 시점을 알아차리는 것이 중요하다.

40

사람들에게 있어서 호의란 매우 중요하다. 전반적인 감탄을 얻는 일도 많지만 전반적인 사랑을 얻는 일이 더 많다. 그것은 어느 정도 행운의 혜택에 달려 있지만 노력에 더 많이 달려 있다. 호의는 기초를 세우는 반면에 노력은 그것을 수행한다. 호의를 얻기 위해서 탁월한 능력들이 전제되지만 사실 그것은 큰 의미가 없다. 왜냐하면 일단 한 번 의견을 제시해 동의를 얻게 되면 호감을 얻는 것은 쉽기 때문이다. 또한 선행 없이는 호의를 얻지 못한다. 사랑을 받기 위해서는 온 힘을 다해 좋은 일을 해야 하고 좋은 말을 해야 한다. 정중함은 위대한 사람들의 가장 커다란 정치적인 마술이다. 우선 행동하고 그 다음에 펜을 잡아라. 그 행위가 완수되면 그것은 역사책 속으로 들어간다. 왜냐하면 저술가의 호의도 있기 때문이다. 그리고 그 호의의 결과물은 사라지지 않는다.

41

결코 과장하지 말라. 때로는 진실에 너무 가까이 다가서지 않기 위해서, 때로는 우리의 이성을 과소평가되게 하기 위해서 최상급으로 말하지 않는 태도는 우리가 지향해야 할 목표다. 과장은 존경심의 낭비이고 우리의 지식과 취향을 제한한다. 칭찬은 활발한 호기심과 욕구를 불러일으키지만 나중에 가치와 가격이 일치하지 않을 때 실망은 커지고 결국 칭찬한 사람과 칭찬받은 사람 모두 경멸의 대상이 된다. 따라서 현명한 사람은 어떤 일이든 신중하게 착수해야 한다. 이에 해당하지 않는 것들은 드물다. 그러므로 존경을 자제하라. 과장은 거짓말과 유사하다. 그리고 사람들은 거짓말을 통해 명성을 잃곤 한다.

42

타고난 지배자가 되어라. 그것은 은밀하게 작용하는 우월성의 힘이다. 그 지배는 역겨운 작위로부터 생겨서는 안 되고 지배적인 본성으로부터 생긴다. 모든 사람들은 자연스러운 권위의 숨겨진 힘을 인정함으로써 사태를 파악하기도 전에 그것에

복종한다. 그러한 지배자들은 자신들의 가치를 통해 다른 사람들의 왕이 되고 선천적인 특권에 의해 사자와 같은 기질을 지닌다. 그들은 자신들이 주입하는 존경심을 통해 다른 사람들의 마음과 이성을 사로잡는다. 그런 사람들에게 다른 능력도 많이 있다면 그들은 국가를 통치할 운명을 타고났다고 볼 수 있을 것이다. 왜냐하면 그들은 다른 사람들이 긴 연설을 통해 영향을 미치는 것과는 달리 자신의 존재 그 자체를 통해 영향을 미치기 때문이다.

43

극소수처럼 생각하고 대다수처럼 말하라. 지배적인 여론을 거역하려고 하는 것은 위험할 수 있다. 단지 소크라테스와 같은 사람만이 그것을 시도할 수 있었다. 다른 의견과 충돌하는 것을 모욕으로 생각하는 경우가 많은데 그 이유는 남의 판단을 저주하기 때문이다. 때로는 비난받은 대상 때문에, 때로는 칭찬한 사람 때문에 성가신 일들이 벌어진다. 진리는 소수의 사람들을 위한 것이고 기만은 보편적인 것이다. 지혜로운 사람은 시장에서 말하지 않는다. 왜냐하면 거기서는 자신의 의견이 아니라 대체로 어리석은 의견으로 이야기할 수밖에 없기 때문이다. 현명한 사람은 다른 사람이 그에게 항변하는 것을 방지한다. 그는 비난할 용의가 있더라도 비난하는 것을 자제한다. 사고는 자유로워서 그에 대한 어떤 폭력도 일어날 수 없고 일어나서도 안 된다. 따라서 현명한 사람은 침묵의 성전으로 후퇴한다. 그리고 가끔 소수의 사려 깊은 사람들이 모인 작은 집단 속에서 의견을 표명한다.

44

위대한 사람들에게 공감하라. 영웅들과 의견이 일치하는 것은 그들의 개성에 끌린 것이다. 비밀스러움뿐만 아니라 유용성 때문에 거기에는 자연의 기적이 있다. 마음과 기질은 매우 긴밀한 관계이며 그 효과는 거대한 무리의 무지가 묘약을 써서 이뤄 내는 효과와 비슷하다. 그 관계가 서로를 인정하는 데 머무르지 않고 선의와 애착에까지 이르면 말 없이 설득하고 공로 없이 얻을 수 있다. 능동적인 관계와 수동적인 관계가 있는 것이다. 양자는 대상이 숭고하면 숭고할수록 더욱더 큰 축복을 가져다준다. 그 관계를 인식하고 구별하며 그것을 이용할 줄 아는 것은 커다란 기교다. 왜냐하면 어떤 고집도 그 비밀스러운 호의 없이는 목적에 이르지 못하기 때문이다.

45

교활함을 남용하지 말라. 교활함으로 우쭐대서는 안 되고 뭔가를 암시해서도 안 된다. 모든 인위적인 것은 은폐되어야 하는

데 왜냐하면 그것은 의심을 받기 때문이다. 특히 예방 조치와 관련될 때에는 더욱 그러한데 그것은 증오의 대상이 되기 때문이다. 기만은 자주 눈에 띄는데다 정체가 뚜렷이 드러나지 않아서 의혹을 배가시킨다. 왜냐하면 기만은 불신을 야기하고 그 영향으로 병들게 하고 복수를 권유하며 이전에 아무도 생각하지 않았던 나쁜 일들을 불러일으키기 때문이다. 신중하게 착수하는 것은 어떤 행위를 하는 데 있어 강력한 이점이고 그것보다 더 확실한 이성의 증거는 없다. 어떤 행위를 하는 데 있어 최고의 완벽성은 그것을 수행하는 확실하고 탁월한 수완에 달려 있다.

46

반감을 억제하라. 종종 우리는 어떤 사람들의 개성을 알게 되기도 전에 그 사람을 혐오하곤 한다. 때때로 그러한 선천적인 야비한 혐오는 가장 탁월한 사람들을 대할 때에도 나타난다. 지혜는 그것을 통제할 수 있어야 한다. 왜냐하면 우리보다 더 가치 있는 사람들을 혐오하게 되면 우리에 대해 더 나쁜 의견이 생겨날 수도 있기 때문이다. 위대한 사람들에 대한 반감은 우리를 과소평가의 대상으로 만든다.

47

체면과 관련된 문제를 피하라. 이것은 가장 중요한 주의가 필요한 대상 중의 하나다. 모든 것을 고려하는 사람들에게 항상 극단은 서로 멀리 떨어져 있어서 하나의 극단에서 다른 극단으로의 긴 도정이 존재한다. 그러나 그들 자신은 항상 현명한 중심을 유지한다. 따라서 그들은 자신의 내면에서 쉽게 단절이 발생하도록 두지 않는다. 왜냐하면 그러한 기회에서 다행스럽게 빠져나오는 것보다 아예 회피하는 것이 더 쉽기 때문이다. 지혜의 유혹도 그와 같은데 유혹 속에서 승리하는 것보다 그것에서 도망치는 것이 더 안전하다. 체면 문제는 더 나쁜 상황을 초래하고 그 경우에 명예가 크게 손상될 수 있다. 독특한 성격이나 민족성 때문에 쉽게 기회를 주고받고 체면치레에 몰두하는 경향이 있는 사람들이 있다. 반면에 이성이라는 빛 속에서 움직이는 사람에게 그런 사태는 좀 더 긴 숙고를 필요로 한다. 그는 유혹에 승리하는 것보다 관여하지 않는 것이 더 큰 용기라고 생각한다. 그리고 유혹에 기꺼이 응하는 바보가 있을지라도 그는 자신이 거기에 낄 마음이 없는 것을 양해해 달라고 말한다.

48

철저함과 깊이. 이것들을 갖고 있는 한 어떤 역할이든 명예롭게 수행할 수 있다. 내면은 항상 외형에 비해 두 배는 더 깊어야 한다. 반면에 아주 단순한 두뇌를 가진 사람들이 있다. 그러한 사람들은 내면에 아무것도 없고 또한 어느 곳에도 오랫동안 머무를 수 없을 것이다. 왜냐하면 첫 번째 영접이 끝나면 당연히 담소의 시간이 오기 때문이다. 그들은 어떤 공간에 일시적인 정중함을 표하며 기분 좋게 등장하지만 곧 침묵에 잠긴다. 왜냐하면 생각의 샘이 흐르지 않는 곳에서는 말은 곧 고갈되기 때문이다. 피상적인 시선을 갖고 있는 사람들은 쉽게 그러한 사람들에게 기만당한다. 그러나 깊이 있는 사람들은 그렇지 않다. 그 사람들은 내면이 공허한 사람들을 알아보고 그들이 영리한 사람들의 조소를 받을 것이라고 생각한다.

49

통찰력과 판단. 그러한 재능을 갖고 있는 사람은 사태를 제어한다. 그는 사태의 원인을 규명하고 어떤 사람의 능력을 아주 완벽하게 분석할 줄 안다. 그는 어떤 사람을 관찰하는 것으로 그 사람을 이해하고 그 사람의 가장 내면적인 본성을 평가한다. 그는 섬세하게 관찰하고 가장 내밀한 내면을 훌륭하게 파악할 수 있다. 그는 예리하게 인식하고 철저히 파악하며 올바르게 판단한다. 모든 것을 발견하고 바라보며 이해하는 것이다.

50

자존심을 결코 잃지 말라. 자기 자신을 평범하게 만들지 말

라. 우리 자신의 완벽성은 우리의 완전한 변화에 대한 기준이 되어야 하고 우리 자신의 준엄한 판단은 모든 외적인 규정에 앞서 우리를 통제할 수 있어야 한다. 매우 엄격한 타인의 권위에 대한 두려움보다 자신의 통찰력에 대한 두려움을 가져야 한다. 스스로를 두려워하라.

51

선택하라. 삶에 있어 대부분은 선택에 달려 있다. 선택할 줄 안다는 것은 훌륭한 취향과 올바른 판단력이 있다는 것이다. 학식도 이성도, 선택 없이는 완벽하지 않다. 완벽성은 최선의 것을 선택할 수 있다는 가능성을 포함하고 있다. 하지만 생산적이고 기민한 정신과 예리한 이성 그리고 학식과 사리를 분별하는 능력을 갖고 있다고 해도 많은 사람들은 직접 선택한 결과로 인해 파멸한다. 그들은 언제나 마치 길을 잘못 드는 것을 목표로 한 것처럼 가장 나쁜 것을 취하는 것이다. 그러니 제대로 선택할 줄 아는 것은 하늘이 준 큰 선물 중의 하나다.

52

결코 마음의 평정을 잃지 말라. 결코 분노하지 않는 것은 지혜의 핵심이다. 분노하지 않는 미덕은 마음이 대범한, 완전한 사람이라는 사실을 드러낸다. 왜냐하면 넓은 마음은 경솔하게 행동하지 않도록 만들기 때문이다. 흥분은 영혼의 병적인 면모로써, 지나친 흥분은 지혜를 병들게 한다. 악이 입 밖으로 노출되면 명예는 위험에 처한다. 따라서 크나큰 행복 속에서도, 크나큰 불행 속에서도 분노에 공격의 빌미를 제공하지 말고 오히려 감탄을 받을 정도로 완전히 자신을 지배하라.

53

활동과 이성. 이성이 세심하게 숙고한 것을 활동은 신속히 수행한다. 바보들은 성급하기 마련인데 왜냐하면 그들은 일을 추진할 시점을 정확히 알지 못하고 부주의하게 일에 착수하기 때문이다. 반면 지혜로운 사람들은 오히려 지나치게 자제하는 바람에 실수를 하곤 한다. 왜냐하면 때때로 추진력이 결여되어 올바른 판단의 결실을 이루지 못하기 때문이다. 신속함은 행운의 어머니이기도 하다. 무엇이든 내일로 연기하지 않는 사람은 많은 것을 성취했다. 급한 길도 물어가라는 말은 사실 그저 제왕적인 구호일 따름이다.

54

대담하게 행동하라. 심지어 토끼들도 죽은 사자의 갈기를 살짝 잡아당긴다. 그 대담성을 놀릴 수는 없다. 당신 또한 어떤 것에 굴복하기 시작하면 다른 것에서도 마지막까지 굴복해야 한다. 나중에라도 승리하기 위해 당신은 끊임없이 노력을 경주해야 한다. 이 경우 정신적인 용기는 육체적인 힘을 능가한다. 정신적인 용기는 항상 지혜라는 칼집 속에서 기회를 위해 준비되어 있는 숨은 칼이 되어야 한다. 많은 사람들은 비범한 능력을 갖고 있었지만 용기가 결여되어 있었기 때문에 죽은 사람처럼 살았고 머뭇거리다 흙 속에 매장되어 사라졌다. 주도면밀한 자연은 의도적으로 벌의 달콤한 꿀과 뾰족한 가시를 결합했다. 육체가 힘줄과 뼈를 갖고 있는 것처럼, 정신 또한 그저 온순한 것만은 아니다.

55

기다릴 수 있어야 한다. 기다림을 아는 사람은 결코 흥분하지 않고 참을성이 많은 대범한 마음을 증명한다. 먼저 자신을 지배하라. 그러면 나중에 다른 사람들도 지배할 것이다. 시간이 지나면 기회의 중심에 도달한다. 지혜롭게 자제한다면 올바르고 오랫동안 은밀하게 유지해야 하는 결정을 내릴 수 있다. 시간이 너무 천천히 가는 것 같아도 사실 그것은 헤라클레스의 철 몽둥이보다 더 많은 일을 수행한다. 그리고 신은 몽둥이가 아니라 시간으로 성숙하게 만든다. 기다리는 자만이 커다란 행운을 잡을 수 있다.

56

침착하라. 그것은 기민한 정신으로부터 생긴다. 침착한 사람에게는 생생함과 깨우침이 있어 위험이나 사고를 당할 가능성이 적다. 많은 사람들은 숙고하다가 나중에 모든 것을 놓친다. 그들과 다른 사람들은 사전에 숙고하지 않고 모든 것을 수행한다. 곤란한 처지에 있더라도 매우 잘 움직이는 불굴의 존재들이 있다. 그들은 즉흥적으로 모든 것을 성공하게 만들고 신중하게 행동할 때에는 아무것도 성공하게 만들지 못하는, 일종의 괴물이다. 그들의 머릿속에는 되새김질해서 나타나는 후회가 없다. 반면에 신속한 사람들은 박수갈채를 받는데 왜냐하면 그들은 엄청난 능력을 지녔다는 증거로, 섬세한 사고와 지혜로운 행동을 하기 때문이다.

57

신중한 사람은 안전하다. 어떤 일이 성공하려면 충분한 시간이 필요하다. 빠르게 만들어지는 것은 곧바로 파괴될 수 있다. 그러나 영원히 지속되는 것은 영원성으로 그 가치를 입증한다. 완벽성만이 가치가 있고 성공한 것만이 지속성을 갖고 있다. 이성과 철저함은 불멸의 작품을 창조한다. 사실 많은 가치를 지니고 있는 것은 많은 비용을 들여야 얻을 수 있다. 그러므로 가장 고귀한 금속은 가장 무거운 금속이라 할 수 있다.

58

자제할 줄 알라. 모든 사람들에게 똑같이 이성을 보여 주어서는 안 되고 필요 이상으로 힘을 사용해서도 안 된다. 깨달음이나 성취에 있어서 아무것도 낭비되어서는 안 된다. 노련한 사수는 사냥꾼이 요구하는 것 이상으로 새들을 날아오르게 하지 않는다. 모든 것을 줄줄 늘어놓지 말라. 만약 그렇게 된다면 아무도 더 이상 그것에 대해 감탄하지 않을 것이다. 항상 자신을 빛낼 수 있는 새로운 것을 계발하라. 왜냐하면 매일 더 많은 것을 발견하는 사람은 기대를 유지시키고 결코 능력의 한계를 드러내지 않기 때문이다.

59

최후를 고려하라. 환호의 문을 통해 행운의 집에 들어서면 탄식의 문을 통해 나올 것이다. 그 반대의 경우에도 마찬가지다. 따라서 최후를 염두에 두어야 하고 등장할 때의 박수갈채보다 행복한 퇴장을 위해 열심히 노력해야 한다. 즐겁게 시작했지만 아주 비극적인 최후를 맞이하는 것은 불행한 사람들의 전반적인 운명이다. 등장할 때 약간의 박수갈채를 받았다는 사실은 별로 중요하지 않은데 그것은 흔한 일이기 때문이다. 오히려 우리가 퇴장할 때 알게 되는 사람들의 감정이 중요하다. 왜냐하면 어떤 사람들과 다시 함께하기를 소망하는 일은 드물기 때문이다. 행운이 문지방까지 따라가는 사람들은 별로 없으며, 등장하는 자는 정중한 대접을 받으나 퇴장하는 자는 경멸당한다.

60

건전한 판단. 어떤 사람들은 현명하게 태어난다. 선천적으로 커다란 이점을 갖고 보호받으면서 그들은 학업을 시작하고 성공에 이르는 길을 다른 사람보다 절반쯤 앞서 간다. 나이와 경험이 그들의 이성을 완전히 성숙하게 만들면 그들은 매우 타당하고 올바른 판단을 한다. 특히 매우 중요하기에 완전한 확실성을 요구하는 국가의 여러 문제들에서 지혜를 가진 자로서, 그들은 모든 종류의 기발하지만 완고한 생각을 멀리한다. 그러한 사람들은 지도를 위해서든 조언을 위해서든 간에 정권을 장악할 만하다.

61

최고의 분야에서 최고의 것을 취하라. 이것은 완벽한 일들의 유일한 장점이다. 평범함은 감탄의 대상이 아니다. 어떤 두드러진 직업에서 최고로 탁월해진다면 우리는 다수의 보통 사람들에 비해 부각되어, 좀 더 뛰어난 사람들과 어울릴 수 있다. 하찮은 직업에서 탁월하다는 것은 그냥저냥 괜찮은 어떤 존재라는 것을 의미한다. 탁월함을 지녔다면 유쾌하고 가벼운 사람보다는 영예로운 사람이 되는 것이 낫고 그것이 맞는 것이다. 가장 탁월한 것에서 최고의 것을 성취하면 다른 사람들에게 우리의 우월한 성격을 각인시키고 또 감탄하게 만들며 그들의 환심까지 사게 된다.

62

좋은 도구를 사용하라. 사람들은 하찮은 도구를 사용하면서 그것이 그들의 통찰력을 찬양하는 데 이용되기를 원한다. 이것은 운명으로부터 징계를 받는 위험한 발상이다. 각료의 탁월성은 군주의 위대성을 감소하게 만든 적이 없다. 오히려 성공의 배후에는 항상 그 비결이 있다.

63

자신의 분야에서 일인자가 되는 것을 커다란 영예로 여겨라. 여기에 탁월성이 추가되면 그 영예는 두 배가 된다. 손에 카드를 갖고 게임을 하는 물주는 커다란 이점을 갖고 있다. 패가 같으면 그는 이긴다. 모든 일인자들은 장자 상속권의 영예를 획득하지만 다른 사람들에게는 지금까지 들어간 양육비만 청구

될 뿐이다. 다른 사람들이 무엇을 어떻게 하든 결국 그들은 모방하는 사람이라는 굴레에서 벗어날 수 없다. 비범한 사람들만이 통찰력을 활용해 미래에 닥칠 위험을 차단하고 새로운 길을 개척한다. 지혜로운 사람들은 새로운 시도를 통해 위대한 사람들의 대열에 들어설 수 있었다. 많은 사람들은 일인자에서 이인자가 되기보다는 오히려 이인자에서 일인자가 되고자 한다.

64

악을 피하고 성가신 일을 면하는 것은 보답을 받을 만한 지혜다. 주의 깊은 성격은 행운의 빛이고 만족의 여신이 된다. 나쁜 소식을 전달해서는 안 되고 더욱이 그것을 들어서도 안 된다. 도움을 주지 않을 것이라면 소식이 들리지 않도록 나름대로 애써야 한다. 사람들은 달콤한 아첨에만 관심이 있고 또 어떤 사람들은 쓰라린 험담에만 관심이 있다. 많은 사람들은 일상적인 분노 없이는 살 수 없다. 마찬가지로 가까운 사람에게 호의를 베풀기 위해서 한평생 비애 속에 산다는 것은 자기 자신을 위한 것이 아니다. 언젠가 내 곁을 떠날 사람의 마음에 들기 위해 자신의 평안함과 자유를 스스로 침해해서는 안 된다. 다른 사람에게 기쁨을 주고 자기 자신에게 고통을 주는 모든 사태를 피하기 위한 적절한 규칙은 다음과 같다: 당신이 나중에 도움을 받지 못하는 것보다 그가 지금 상심하는 것이 더 낫다.

65

숭고한 취향이 있어야 한다. 이것은 이성처럼 형성될 수 있다. 통찰력이 클수록 커다란 요구를 받았을 때 성실히 이행할 수 있고 인생을 더욱더 향유할 수 있다. 숭고한 성향에서 지고한 정신이 드러난다. 커다란 능력을 가진 사람은 커다란 대상이 되어야 한다. 숭고한 것들은 숭고한 사람들을 위한 것이다. 뛰어나면서 탁월한 사람들은 적다. 따라서 아무나 무조건 존경해서는 안 된다. 지속적인 교제를 통해서 취향이 전달되는 경우가 많은데, 그 때문에 취향이 올바른 사람들과 교제를 하게 되는 것은 특별한 행운이다. 다른 한편으로 모든 것에 만족하지 못하는 사람과 접촉을 시도해서는 안 되는데 그것은 아주 어리석은 극단이고 그 불만족이 그저 허세에 불과할 때 혐오감을 불러일으키기 때문이다. 어떤 사람들은 신이 그들의 방탕한 환상을 만족시키기 위해 완전히 다른 완벽성을 갖고 다른 세계를 창조하기를 원하기도 한다.

66

좋은 결말을 이끌어 내라. 많은 사람들은 목적 달성보다 어떤 과정을 겪으며 실수에 대처하는 엄격한 완벽성을 목표로 설정한다. 그러나 사람들은 늘 실패했을 때 받는 치욕이 노력한 결과로 받는 인정보다 크다고 생각한다. 승리한 자는 해명할 필요가 없다. 대부분의 사람들은 상황의 전체 흐름을 볼 수 없고 단순히 좋거나 나쁜 성과만을 본다. 따라서 목표에 도달하면 결코 생각에 잠기지 않을 것이다. 좋은 결말은 부적합한 수단을 통한 것일지라도 모든 것을 미화한다. 왜냐하면 때때로 진정한 기술은 다행스러운 결말이 성취될 수 없으면 기술의 규칙에 대항해서 일을 처리하는 것이기 때문이다.

67

인정받는 직위에 올라라. 대부분의 일들은 타인의 호의에 달려 있다. 따스한 바람이 꽃을 위한 것이듯, 가치 평가는 재능을 위한 것이다. 이는 호흡과 생명의 관계다. 그저 평범한 호의를 얻는 직위와 활동이 있고 더 중요하지만 명성을 누리지 못하는 직위와 활동도 있다. 전자는 전반적으로 호의를 얻는데 왜냐하면 그것들이 모든 사람들의 목전에서 수행되기 때문이다. 후자는 드물고 귀중한 것 자체를 더 많이 갖고 있을지라도 박수갈채 없이 은둔 속에서 주의를 끌지 못하는 경우가 많다. 군주들 중에서 승승장구하는 사람들은 유능한 군주들이다. 그 때문에 훌륭한 왕들은 전사, 정복자 그리고 위대한 사람들처럼 매우 높은 명예를 누렸다. 유능한 사람은 모든 사람이 쉽게 알 수 있고 그 영향이 모든 사람들에게 미치는 매우 높은 직위를 바라봐야 한다. 그러면 대부분의 사람들이 그에게 영원한 영예를 부여할 것이다.

68

기억력보다 이성을 빌려주는 것이 더 가치가 높다. 누군가 기억을 상기할 수 있도록 도와주는 것보다는 이성적인 면모를 통해 도와주어야 한다. 많은 사람들은 적절한 시기에 해야 할 일들을 중단하곤 하는데 그것은 이성적인 면모가 없기 때문이다. 당신이 사려 깊은 친구라면 다른 사람이 적절한 궤도에 오를 수 있게 도와주어야 한다. 커다란 정신적 재능 중의 하나는 어떤 사람에게 필요한 것을 제공하는 재능이다. 그 재능이 부족하기 때문에 성공할 수 있는 많은 것들이 실패로 돌아간다. 빛을 가진 사람은 그것을 전달해야 하고 그것이 필요한 사람은 얻으려고 노력해야 한다. 전자는 절제 있게 전달해야 하고 후자는 주의 깊게 노력해 얻어야 한다. 그러한 섬세함은 서로의 이득이 관련되어 있을 경우 더욱 필요하다. 열의를 보여 주고 더 많은 것이 요구되더라도 계속 따르라. 부정적인 면이 보일지라도 능숙하게 긍정을 발견하려고 노력하라. 시도하지 않으면 얻을 수 없다.

69

천박한 변덕을 부리지 말라. 낯선 것들에 결코 좌우되지 않는 사람은 위대한 사람이다. 자신을 관찰한다는 것은 지혜의 근원이라 할 수 있다. 현재의 심리를 알고 미리 대비하라. 자연적인 것과 인위적인 것 사이에서, 이성의 저울이 기울지 않도록 균형을 유지하라. 여기에는 스스로에 대한 정확한 인식이 필요하다. 사람들 사이에는 항상 불쾌한 괴물이 있다. 그들은 언제나 기분에 따라 성향을 마음대로 바꾼다. 지속적으로 나타나는 비열한 불쾌함이라는 밧줄에 매이는 것이다. 그리고 그런 방탕한 성향은 의지와 이해력이 파멸되도록 만든다. 의지와 인식은 그러한 성향으로 인해 이리저리 뒤집히게 된다.

70

거절하는 방법을 배워라. 사람들에게 모든 것을 허용해서는 안 된다. 그것은 남들에게 동의할 줄 아는 것만큼이나 중요하다. 특히 권력자들에게 그런 주의가 필요한데 방법이 매우 중요하다. 한 사람의 부정은 많은 사람들의 긍정보다 더 높이 평가되는데 부정하는 이유를 잘 표현하는 것은 무미건조한 긍정보다 더 심리적으로 큰 영향을 끼치기 때문이다. 항상 부정을 입에 담고 있는 사람들이 있고 그것을 통해 그들은 사람들과 모든 관계를 단절한다. 그들에게 부정은 늘 우선적이고 그들이 나중에 동의한다 할지라도 사람들은 그것을 높이 평가하지 않는다. 왜냐하면 부정을 통해 이미 혐오의 대상이 되었기 때문이다. 그렇기 때문에 무엇이든 곧바로 거절해서는 안 되고 또한 어떤 것을 완전히 거절해서도 안 된다. 그것은 상대방과의 관계 종료를 의미하기 때문이다. 거절로 인해 상대방이 느낄 쓰라림을 완화할 희망을 남겨 두어라. 마지막으로 정중함을 통해 예의를 완성하라. 그리고 멋진 말로 행위를 대신하라. 긍정과 부정은 입 밖으로 나오긴 쉽지만 긴 숙고를 요구한다.

71

우유부단하게 행동하지 말라. 천성 때문이든 허세 때문이든 행동하며 모순을 드러내지 말라. 사려 깊은 사람은 자신의 모든 행위를 흔들림 없이 유지하며 그것을 통해 분별 있는 사람이라는 명성을 얻는다. 그가 어쩔 수 없이 변하는 것은 단지 외부 사정이나 다른 사람들의 공로가 있을 때뿐이다. 지혜에 있어서 변화는 추할 뿐이다. 제각기 다른 사람들이 있고 심지어 그들의 이성도 상이하며 그들의 의지는 더욱 제각각이다. 어제 그들이 긍정했던 것은 오늘 그들에게 부정된다. 그렇게 그들은 스스로 자신의 신용과 명성을 깎아내리며 다른 사람들의 사고를 혼란스럽게 만든다.

72

결단력이 있는 사람이 되어라. 서투른 수행보다 우유부단함이 더 구제불능이다. 물은 흘러가는 한 고였을 때보다 덜 부패한다. 늘 결단을 할 수 없는 사람들이 있고 때때로 그것은 그들에게 있어서 명확한 판단력의 혼돈을 초래한다. 그리고 그런 태도는 추진력이 없어서인 경우가 많다. 어려움을 발견하는 것은 통찰력이 있다는 것을 증명하지만 어려움에 대한 돌파구를 발견하는 것은 훨씬 더 큰 통찰력을 지녔다는 것을 증명한다. 반면에 단호한 결정을 내리는 다른 사람들이 있다. 포괄적인 이성과 단호한 성격을 갖고 있는 그들은 최고의 지위에 오르기 위해 태어난다. 왜냐하면 그들은 일이 풀리는 과정을 촉진하고 성공을 용이하게 만들기 때문이다. 그들이 하나의 세계를 창조하는 데 기여한다고 가정했을 때 그들에게는 두 번째 세계를 창조할 수 있는 시간이 남아 있다. 자신에게 행운이 따른다는 판단이 든다면 그들은 더 확실하게 일에 착수한다.

73

잘못을 넘길 줄 알아라. 현명한 사람들은 그것을 통해서 어려운 상황을 피한다. 재치 있는 전환이라는 가벼운 예절로 그들은 비난이라는 모호한 미로에서 빠져나온다. 호의를 불러일으키는 미소를 띠며 가장 어려운 논쟁에서 탈출하는 것이다. 무엇인가를 거절해야 하는 곳에서 대화를 다른 방향으로 전환하는 것은 정중한 술책이다.

74

무뚝뚝하게 행동하지 말라. 모든 장소에는 진짜 야수들이 서식하고 있다. 사교적이지 못하다는 것은 자신의 무지에서 기인한 잘못이다. 모든 사람들에게 화를 내기 시작하는 것은 존경을 발로 걷어차 버리는 일이지만, 보통 신분이 상승할수록 외부로 드러나는 성격이 부드러워진다. 항상 완강한 비인간성에 사로잡힌 사람은 아주 접근하기 어려운 괴물이다. 사람들은 신중함으로 무장하고 두려움에 가득 차서 그 괴물과의 싸움에 임한다. 어떤 사람들은 그들의 지위에 도달하기 위해 모든 사람들에게 인기를 얻으려고 한다. 또 어떤 사람들은 자신의 직위를 통해 많은 사람들에게 헌신해야 하지만 반항심과 거만 때문에 누군가를 위해 헌신하지는 않는다. 그들과 대응하는 가장 좋은 방식은 그들의 교제를 막고 더불어 지혜를 빼앗음으로써 그들을 도태하게 만드는 것이다.

75

모방을 위해서라기보다는 경쟁을 위해 영웅적으로 모범을 보여라. 위대한 본보기와 명예는 살아 있는 책들과 같아서 우리에게 영감을 준다. 누구나 자신의 직업에서 가장 위대한 사람들을 상상해야 하는데 그들을 모방하고 그것에 박차를 가하기 위해 상상해서는 안 된다. 타인이 가진 영예의 나팔만큼 마음속에 큰 공명심을 불러일으키는 것은 없다. 타인을 시기하는 마음을 버리면 바로 고상한 본래의 심성을 드러낼 수 있게 된다.

76

항상 농담을 하지는 말라. 사람의 이성은 재치를 발휘할 때보다는 명예를 획득할 수 있는 진지한 태도를 취할 때 나타난다. 늘 농담을 하는 사람은 진지한 사람이 아니다. 거짓말을 하는 듯한 사람이나 익살꾼인 것 같은 사람이나, 두 사람을 믿지 않는 한 익살꾼을 거짓말쟁이와 동일시하기 쉽다. 그가 이성적인 상태에서 말하는 것인지 결코 알지 못하는 것이다. 그런 일은 마치 그가 이성이 없는 것처럼 비쳐지기 십상이다. 농담을 계속 하는 것은 전혀 마땅하지 않다. 대부분의 사람들은 반드시 신용을 쌓은 뒤에 가벼운 농담을 던져야 재치 있는 사람이 되고 영리한 사람으로 간주될 명성을 얻는다. 농담은 잠시 지속될지도 모른다. 그러나 다른 시간에는 진지해야 한다.

77

모든 사람들에게 순응할 줄 알라. 현명한 사람은 학자들과 더불어 박식하고 성인들과 더불어 신성하다. 이것은 모든 사람들을 얻기 위한 커다란 기술이다. 왜냐하면 의견의 일치는 호의를 얻기 때문이다. 마음을 관찰하고 모든 사람의 마음에 자신의 마음을 일치되게 하라. 일상에서도 정치적인 변신을 늘 꾀함으로써 진지하고 호탕한 모습을 보여라. 예속적인 사람들에게는 그러한 기술이 절실히 필요하다. 그런 기술을 펼치는 데에는 많은 재능이 요구되긴 하지만 두뇌가 지식으로 꽉 차 있고 취향이 다양한 사람에게는 덜 어려울 것이다.

78

시도에서 멈추지 말고 자신만의 장점을 개발하라. 어리석은 사람들은 무모하다. 안전한 대책을 강구할 생각도 못 하는 두뇌의 소박함은 나중에 그들을 실패의 비난에 대해 무감각하게 한다. 반면에 현명한 사람들은 모든 일에 매우 조심스럽게 착수한다. 그들의 무기는 다름 아닌 주의와 신중함이다. 주의와 신중함은 그 주인공이 위험 없이 등장할 수 있도록 돕는다. 무모한 사람은 때때로 행운이 도와주어 별일 없을지라도 결국에는 지혜가 없어서 몰락한다. 깊은 실패가 우려될 수 있는 곳에서는 신중하게 전진해야 한다. 교활할 정도로 주의 깊게, 조심스럽게 전진해야 하는 것이다. 오늘날의 교제에는 커다란 심연이 존재하기 때문이다.

79

쾌활한 기분. 이것은 절제될 경우 과실이 아니라 재능이 된다. 약간의 명랑함은 모든 것의 흥을 돋운다. 가장 위대한 사람들도 때때로 익살을 부리는데 그로 인해 그들은 모든 사람들에게 인기를 얻는다. 그렇지만 그들은 그때에도 결코 지혜와 예절을 잃지 않는다. 또 다른 사람들은 농담을 통해 무척이나 빨리 어려움에서 빠져나온다. 왜냐하면 농담으로 받아들여야 할 일이 있는데 때때로 가벼운 농담은 다른 사람들이 아주 중요하게 받아들이기 때문이다.

80

질문하는 데 있어 신중해라. 사람들은 주로 질문하며 살아간다. 우리가 보는 것은 적지만 우리는 신의와 믿음으로 살아간다. 그러나 사실 귀는 진실의 옆문이며 거짓말의 정문이다. 진실이 왜곡되지 않고 우리에게 도달하는 일은 드물고 게다가 진실이 멀리서 오는 경우 십중팔구는 왜곡되어 있다. 그 경우 진실 속에는 지금까지 거쳐 온 사람들의 다양한 감정들이 담겨 있다. 열정은 건드리는 모든 것을 때로는 유리하게, 때로는 불리하게 그 색채로 채색한다. 따라서 칭찬만 하는 사람에게 아주 신중하게 귀를 빌려 주고 비난하는 사람에게는 훨씬 더 신중하게 귀를 빌려 주어라. 그 점에서 사실을 전달하는 자의 의도를 발견하고 그가 어떻게 일을 처리하는지 미리 알 수 있도록 완전히 주의를 기울여야 한다. 침착한 숙고를 통해 과장되고 그릇된 것을 걸러 낼 줄 알아야 한다.

81

자신의 광채를 새롭게 하라. 그것은 불사조의 특권이다. 탁월성은 퇴색하고 그와 더불어 영예도 퇴색한다. 새롭지만 평범한 것은 오래될 경우 탁월성도 사라지게 된다. 그러므로 대담성, 천재성, 행복 그리고 모든 것에서 부활을 성취하라. 새롭고 화려한 것들을 손에 넣은 뒤에도 태양처럼 거듭해서 떠오르라. 또한 여기서는 궁핍함 때문에 욕구가 일어나고 저기서는 새로움이 박수갈채를 불러일으키도록 현장을 바꿔라.

82

절제하라. 나쁜 것도 좋은 것도 버리지 말라. 어느 현자는 절제를 지키는 것이 가장 지혜로운 것이라 했다. 맑은 물에는 물고기가 살지 않고 오렌지를 지나치게 세게 누르면 끝내 쓴 물이 나온다. 어떤 것을 향유하는 데에도 결코 극단으로 치닫지 말라. 심지어 정신도 도를 넘어서까지 긴장하면 결국 둔감해지며 잔인하게 짜내면 유익한 결과물 대신에 피가 흘러나온다.

83

용서할 수 있는 잘못을 허용하라. 왜냐하면 어떤 사람도 완벽할 수 없으며 소홀함은 완전히 사라질 수 없고 어떨 때는 권유되기 때문이다. 시기로 인해 비열하고 모욕적인 추방을 당하는 것도 있다. 시기는 잘못이 없는 아주 완벽한 사람을, 잘못을 저지른 사람으로 평가할 것이고 그를 아주 완벽하게 비난할 것이다. 시기는 탁월한 일에서 결함을 찾기 위해 엄중하게 감시한다. 그리고 남들의 비난이 번개처럼 최고의 업적에 쏟아진다. 악의를 달래 그 독소가 터지지 않도록 어떤 문제를 좀 소홀히 할 필요가 있다.

84

적들을 이용하라. 칼날 같은 물리적인 무기가 아니라 그들이 지닌 독을 사용하여 모든 일을 시작할 수 있어야 한다. 그리고 적들의 행동을 깊이 파악해야 한다. 어리석은 사람에게는 그의 친구들이 유용하지만 현명한 사람에게는 적들이 더 유용하다. 많은 사람들에게 적들은 위대함을 키워 주는 하나의 요소였다. 위대한 사람에게 쏟아지는 아첨은 증오보다 더 위험한데, 왜냐하면 아첨이 증오가 없애려고 노력하는 결점을 숨기기 때문이다. 현명한 사람은 원망을 호감이라는 거울보다 더 소중한 거울로 만들어서 실수에 대한 험담을 방지하고 그것을 개선한다. 왜냐하면 신중함은 경쟁과 오해에 부딪칠 때 더 커지기 때문이다.

85

탁월함에 집착하지 말라. 탁월함을 마구 드러내는 것은 큰 결함이다. 모든 사람들이 탁월함을 열렬하게 추구하는 태도는 결국 역겨움을 초래할 뿐이다. 아무것에도 적합하지 않은 것은 커다란 불행이지만, 모든 것에 적합한 사람이 되기 위해 노력하는 것은 훨씬 더 큰 불행이다. 그러한 사람들은 너무 많이 얻어서 패배하고 마침내 모든 사람들에게 아주 큰 혐오의 대상이 된다. 그리고 그들의 장점이 높이 평가되는 시기가 지나면 그들은 평범하다고 경멸된다. 그러한 경멸을 방지하는 유일한 수단은 자신이 빛날 때 그 한도를 관찰하는 것이다. 과도함도 완벽한 과도함이어야 한다. 완벽성을 보여 주는 데 있어서도 절제가 있어야 한다. 횃불을 많이 비추면 비출수록 더욱더 빨리 소모되기 마련이다.

86

험담이 들리지 않게 하라. 거대한 무리는 악의를 위한 많은 눈과 비방을 위한 많은 혀를 갖고 있다. 무리 속에서 어떤 험담이 퍼지면 최고의 명성도 손상을 입을 수밖에 없다. 그러한 험담이 지속되면 결국 명예를 추락시킬 것이다. 대개 어떤 두드러진 해악, 즉 우스꽝스러운 잘못은 험담의 빌미를 제공한다. 그러나 그 속에 모욕이 더해진다면 그것은 개개인의 결함 때문이다. 타인에 대한 모략을 꺼리지 않는 자들은 공공연하게 던져진 무례한 비난보다 한마디 농담으로 더 빨리 명성을 파괴하기 마련이다. 나쁜 소문은 너무나 사실적이라서 그 대상이 되는 사람들은 명성을 순식간에 잃어버린다. 그러므로 현명한 사람은 그러한 사고를 방지해야 하고 평범한 무리의 무례함을 경계해야 한다. 왜냐하면 험담을 예방하는 것이 그것을 고치는 것보다 더 쉽기 때문이다.

87

교양과 우아함. 인간은 야만인으로 태어나고 교양만이 그를 야만성에서 해방시킨다. 교양이 높을수록 더욱더 빛나는 사람이 된다. 그리스인들은 자신들의 교양이 우월하다고 여겼고 그런 이유로 다른 국가의 국민들을 야만인이라고 지칭했다. 무지는 매우 야만적이다. 앎보다 더 많은 미덕을 형성하는 것은 없다. 그렇지만 앎은 우아함이 없으면 초라할 뿐이다. 우리의 지식뿐만 아니라 우리의 의지, 특히 우리의 말도 우아해야 한다. 정신적인 능력이 좋은 결실을 내듯, 사고와 말 그리고 육체를 가꾸어 자연스러운 우아함과 내적, 외적인 우아함을 지닌 사람들이 있다. 반면에 어떤 사람들은 거칠어 때로는 그들이 가진 장점조차 참을 수 없는 야만적인 것으로 만든다.

88

행실은 웅대해야 하고 숭고함을 추구해야 한다. 위대한 사람은 일을 처리하는 데 있어서 소심해서는 안 된다. 세상사에서 득실을 너무 일일이 따져서는 안 되고 특히 성가신 일일 때는 더욱 그렇다. 왜냐하면 때때로 매사에 유의하는 것은 유익하지만 매사를 의도적으로 조사하는 것은 바람직하지 않기 때문이다. 보통 너그럽게 일에 착수하라. 이는 고상한 품위이다. 다른 사람들을 인도하는 데 있어서 중요한 것은 지나치게 세세한 것까지 보려고 하지 않는 것이다. 친척과 친구들 그리고 적들 사이에서 대부분의 것들은 자연히 흘러가도록 내버려 두어야 한다. 과도한 일은 모두 번거롭고 특히 성가신 일일 경우 제일 역겹다. 불쾌한 일에 매번 다시 관여하는 것은 일종의 미친 짓이다.

89

스스로에 대해 파악하라. 자신을 파악하지 못한다면 자신의 주인이 될 수 없다. 거울은 얼굴을 위해 존재하는 것이지 영혼을 위해 존재하지 않는다. 따라서 거울은 자신에 대한 사려 깊은 숙고를 위한 도구가 되어야 한다. 경우에 따라서는 외적인 모습을 잊어버리되 그것을 개선하고 완전함을 갖추기 위해 내적인 깊이를 유지해야 한다. 시도하기에 앞서 이성의 힘과 섬세함을 기억하라. 거래에 관여하기 위해 대담성을 연구하라. 전체의 깊이를 해명하고 모든 것을 위해 모든 능력을 보여라.

90

장수할 기술. 무엇보다 중요한 것은 훌륭하게 사는 것이다. 두 가지, 즉 어리석음과 방탕함은 삶을 쉽게 파멸한다. 어떤 사람들은 삶을 유지할 이성이 없기 때문에 삶을 잃어버리고 어떤 사람들은 의지가 없기 때문에 삶을 잃어버린다. 덕이 훌륭함의 결과이듯 악덕은 자신의 우매함에 대한 벌이다. 덕을 위해 열심히 사는 사람은 결코 죽지 않는다. 완전한 영혼은 육체에 분명히 전달되기 마련이다.

91

경솔함이 염려될 때 결코 일에 착수하지 말라. 경쟁자가 있을 때 실패에 대해 단순한 걱정을 하게 되면 그것을 보는 관객은 이미 완전한 실패를 확신하게 된다. 우리가 의심하는 행위들은 위험하기 때문에 중단하는 것이 더 안전할 것이다. 지혜는 항상 이성이 갖춰져 있는 상태에서만 움직인다. 계획을 세우며 이미 걱정에 휘둘리는 사업이 어떻게 잘 진행될 수 있을 것인가? 철저히 사고하고 우리 내면의 일치에 의해 확인된 결정들이 종종 불행한 결말을 맞이하는 경우가 있다. 하물며 불안정한 이성 속에서, 나쁜 것을 예언하는 판단력에서 내려진 결정에서는 아무것도 기대할 게 없다.

92

과도한 이성. 내 말은 모든 면에서 과도한 이성을 보이지 말라는 뜻이다. 우리의 지위가 높으면 높을수록 필요한 행위와 말을 위한 첫 번째이자 최고의 규칙은 약간의 지혜로움이 억지보다 낫다는 것이다. 아주 큰 박수갈채를 받지 못하더라도 지혜로운 사람들은 안전하게 움직인다. 영리한 사람들을 충족하게 만들려면 충분히 지혜를 발휘해야 하는데 그들의 판단은 또 다른 기발한 행위의 시작이 된다.

93

보편적인 가치를 지켜라. 모든 완벽성을 자신 안에 갖춘 사람은 가치 있는 사람이라는 평가를 받는다. 그는 완벽하게 교제하면서 삶을 아름답게 한다. 완벽성을 가진 변화는 최고의 담소의 밑바탕이 된다. 세상의 좋은 것들을 습득할 수 있는 것은 커다란 기술이다. 그리고 자연이 인간에게 높은 지위를 부여함으로써 인간을 모든 피조물의 진수로 만들었기 때문에 이제 인간은 기술로써 이성과 취향의 훈련과 형성을 통해 또 하나의 작은 세계가 되어야 한다.

94

헤아릴 수 없는 능력. 현명한 사람은 자신이 모든 사람들에게 존경을 받고자 하면 자신의 지식과 능력이 자세하게 평가되는 것을 방지해야 한다. 사람들이 자신에 대해 알게 되는 것을 허락해야 하지만 자신을 규명하는 것을 허용해서는 안 된다. 그 어떤 누구도 환멸을 느낄 만큼 그가 지닌 능력의 한계를 발견하도록 놔두어서는 안 된다. 그는 누구에게든 자신을 완전히 규명할 수 있는 기회를 결코 부여해서는 안 된다. 왜냐하면 누구나 아무리 대단한 재능을 갖고 있어도 재능에 대해 정확히 알고 있는 것보다 추측과 의심을 갖는 것이 더 큰 존경심을 불러일으키기 때문이다.

95

기대를 활발하게 유지하라. 늘 기대하도록 만들어야 한다. 많은 것은 더 많은 것을 약속하고 아주 빛나는 행동은 더 빛나는 행동을 예고해야 한다. 전부를 한 번에 다 걸어서는 안 된다. 지식뿐만 아니라 힘의 사용에 있어서도 절제할 줄 알아야 하는 것이다. 그래야 늘 더욱더 기대감을 충족할 수 있다.

96

자기 자신을 위한 커다란 보호. 보호는 이성의 왕좌이고 주의의 토대이며 그것을 통해 모든 것은 쉽게 성공한다. 보호는 하늘의 선물이고 가장 커다란 선물이자 가장 바람직한 선물이다. 보호는 무장의 핵심이고 매우 중요해서 보호가 없다면 사람은 너무나 불완전해진다. 삶의 모든 행위는 보호의 영향에 달려 있고 그것은 모든 사람들에게 요구된다. 왜냐하면 모든 것은 이성과 더불어 일어나기 때문이다. 보호는 이성에 가장 적합한 것들과 자연스럽게 융화되고 그것을 통해 가장 올바른 것들을 취한다.

97

명성을 얻고 유지하라. 이를 위해 풍문을 이용하는 것이다. 명성은 얻기 어렵다. 왜냐하면 명성은 오직 탁월한 성격에서 생기기 때문이다. 평범한 성격은 흔하지만 탁월한 성격은 드물다. 그러나 일단 명성을 얻고 나면 쉽게 유지된다. 명성에 따른 의무가 있지만 그로 인해 얻는 것은 더 많다. 명성이 그 숭고한 원인과 영역 때문에 존경심까지 불러일으키면 그것은 일종의 위엄이 된다. 하지만 실제로 가치가 있는 명성만이 영원히 지속된다.

98

다른 사람에게 의도를 지나치게 분명하게 보여서는 안 된다.

예측이 가능한 카드로 게임을 하는 사람은 패배의 위험에 처한다. 주의 깊은 사람의 자제력은 탐구하는 사람의 관심에 대항해 싸워야 한다. 살쾡이처럼 탐지하고 조개처럼 은폐하라. 반박이나 아첨을 통해서 누군가가 우리의 취향에 맞서지 않도록 아무도 우리의 취향을 알아서는 안 된다.

99

현실과 가상. 사물들은 존재하는 것이 아니라 단지 눈에 보이는 외형 그 자체로 간주된다. 내면을 바라보는 사람들은 드물고 가상의 사물을 믿으려고 하는 사람들은 많다. 가상과 더불어 이루어지는 술책이라면 그것은 바람직하지 않다.

100

편견 없는 사람이 되되 그렇게 보이거나 과시하지 말라. 철학은 지금 그 명성을 잃어버렸지만 현자들이 펼칠 수 있는 최고의 활동이었다. 지금 사상가들의 학문은 모든 존경을 상실했지만 예전에 그 학문은 오랫동안 로마와 궁정에서 호의를 얻었다. 이제 그 학문은 부적합한 것으로 간주된다. 그렇지만 언제나, 기만을 폭로하는 것은 사유하는 정신의 음식이며 정직한 사람의 즐거움이다.

101

모든 사람들은 바보다. 모든 것은 좋고 모든 것은 나쁘다. 이것은 사람들의 취향에 따른 것이다. 어떤 사람이 원하는 것을 어떤 사람은 증오한다. 모든 것을 자신의 개념에 따라 분류하려고 하는 사람은 참을 수 없는 바보다. 머릿수만큼 많은 감각이 있고 그 감각들도 서로 다르다. 어떤 사람의 실수가 어떤 사람에게는 애호의 대상이 된다. 우리의 일이 어떤 사람들의 마음에 들지 않는다고 해도 용기를 잃어버려서는 안 된다. 왜냐하면 그것을 평가할 줄 아는 사람들이 나타날 것이기 때문이다. 그러나 그 사람들의 박수갈채에 우쭐해서도 안 된다. 왜냐하면 그것을 배척하는 사람들도 있기 때문이다. 진정한 만족의 기준은 유명한 사람들과 해당 분야에 대해 확고한 의견을 갖고 있는 사람들의 박수갈채다. 사람들은 하나의 의견으로 사는 것이 아니고 하나의 유행으로 사는 것도 아니며 한 세기를 사는 것도 아니다.

102

행운을 소화할 수 있어야 한다. 영리함을 몸이라고 한다면 중요한 부분은 소화할 수 있는 커다란 위다. 왜냐하면 커다란 것은 커다란 부분으로 구성되기 때문이다. 큰 행운은 훨씬 더 큰 행운을 받을 만한 사람에게는 다루기 쉬운 것이다. 많은 사람들에게 과식했다고 여겨지는 상태가 어떤 사람에게는 굶주림이다. 훌륭한 요리도, 고위직을 위해 태어나지도 교육되지도 않은 많은 사람들의 소심한 본성과 마주치면 곧 소화 불량을 초래한다. 그들의 행동은 곧 산에 부딪치고 부당한 명예로부터 피어나는 연기는 그들의 머리를 어지럽힌다. 결국 그로 인해 높은 곳에 있는 그들은 커다란 위험에 처한다. 그들은 아예 사라지고 싶어 하는데 왜냐하면 그들 자신 속에서는 행운이 설 땅이 없기 때문이다. 반면에 위대한 사람은 자신이 더 큰 일도 감당할 수 있는 여지가 있다는 것을 보여 주어야 하고 소심한 기미를 보일 수 있는 모든 시험을 매우 세심하게 피해야 한다.

103

누구나 자신의 분야에서 위엄이 있어야 한다. 제왕이 아니라도 모든 행위들은 그의 영역에서 왕에 어울려야 하고 그의 행동은 위엄이 있어야 한다. 그의 행위는 숭고해야 하고 그의 생각은 높이 비상해야 하며 그의 모든 행동에서, 특히 권력을 차지하는 것보다 공로를 평가받는 데서 왕처럼 행동해야 한다. 왜냐하면 진정으로 제왕적인 것은 완전한 관습에 있기 때문이다. 특히 권좌에 더 가까이 있는 사람들은 진정 우월한 것을 갖추고 있어야 한다. 그리고 그들은 공허한 의식보다는 오히려 진정으로 제왕적인 성격을 습득하기 위해 노력해야 하고, 교만을 과시하지 않고 본질적으로 숭고한 것을 취해야 한다.

104

여러 분야에 관심을 두어라. 여러 분야를 아는 것은 주의 깊고 탁월한 인식이다. 어떤 분야는 용기를 요구하고 어떤 분야는 이성을 요구한다. 정직성이 중요한 분야들은 관리하기 더 쉽고 능숙한 수완이 중요한 분야들은 관리하기 더 어렵다. 올바른 성격만이 정직함을 완성시키고 반면에 능숙한 수완을 위해서는 모든 주의와 열성을 쏟아도 충분하지 않다. 인간들을 통치하는 것은 힘든 일이고 바보나 천치들을 지배하는 것은 극도로 힘든 일이다. 이성이 없는 사람을 대할 때에는 두 배의 이성이 필요하다. 그러나 한정된 시간, 한정된 재료로 완전한 인간을 요구하는 분야는 참을 수 없다. 자유롭거나 변화를 줌으로써 싫증을 야기하지 않는 분야들이 더 낫다. 변화는 정신을 고무시키기 때문이다. 다른 사람들에게 별로 예속되지 않는 분야들이 가장 바람직하다. 그러나 어디서나 죽도록 땀을 흘려야 하는 분야들은 가장 나쁜 것이다.

105

부담스러운 존재가 되지 말라. 분주하고 말솜씨가 좋은 사람. 그런 사람을 단시간에 만나면 매혹당한다. 그런 만남은 사업을 진행하는 데 적합하다. 좋은 것은 짧으면 더욱더 좋다. 그리고 나쁜 것조차도 적으면 그렇게 나쁘지 않다. 또한 대부분의 사람들이 이해력이 부족하다는 사실은 유명한 진리다. 세상의 장식보다는 방해를 위해 존재하는 사람들이 있는데 그들은 누구나 회피하는 쓸모없는 가구와 같다. 현명한 사람은 특히 위대한 사람들에게 부담을 주는 것을 피해야 한다. 왜냐하면 그들은 아주 바쁜 삶을 영위하기 때문이고 세상 사람들 전부를 성가시게 하는 것보다 그들 중의 한 사람을 번거롭게 하는 것이 더 나쁜 결과를 초래하기 때문이다.

106

자신의 행운을 자랑하지 말라. 개인적인 개성보다 신분과 품위를 자랑하는 것은 더 모욕적이다. 자랑하는 것은 증오스럽다. 존경심을 갈망할수록 오히려 잃을 수밖에 없다. 왜냐하면 존경심은 다른 사람들의 의견에 달려 있기 때문이다. 그것은 스스로 얻을 수 있는 것이 아니라 다른 사람들에게서 얻는 것이다. 고위직에 앉기 위해서는 적합한 명성이 요구되고 그 명성이 없이는 그 직위가 품위 있게 관리될 수 없다. 따라서 의무를 이행할 수 있기 위해 필요한 명예를 획득하라. 공손함을 대놓고 요구하지 말고 자연스럽게 이루어내라. 직위를 갖고 야단법석을 떠는 사람은 그럴만한 자격이 없고 품위가 그의 어깨에

얹힐 수 없다는 것을 스스로 드러내는 것이다. 자신을 관철하고자 한다면 외형적인 형식보다는 재능의 탁월성을 보여 줘라. 왕조차도 그의 외적인 지배력이 아니라 그의 개인적인 재능을 존경해야 한다.

107

자기만족을 보이지 말라. 자기 자신에게 불만스러워서는 안 되는데 왜냐하면 그것은 소심한 것이기 때문이다-자만해서도 안 되는데 왜냐하면 그것은 어리석은 것이기 때문이다. 자만은 무지에서 생기고 그것은 우리의 명성과 명망에 유익하지 않은 몰상식이라는 죄가 된다. 다른 사람들의 무한히 높은 완벽성을 이해할 수 없기 때문에 사람들은 자신 안에 있는 어떤 평범한 재능을 보고는 매우 만족스러워한다. 가장 멍청한 인간은 자신에게 만족하면서 심각한 어리석음을 무식의 최전성기에 싹틔워 그 씨앗을 점점 더 멀리 퍼뜨리는 특징을 보인다.

108

잘 어울리는 것은 완전한 사람이 되는 지름길이다. 교제는 인격형성에 결정적인 효과가 있다. 관습과 취향은 전달된다. 사람들은 알아차리지 못한 채 성향, 심지어 정신을 받아들인다. 그 때문에 재빠른 자는 신중한 자와 어울리려고 하고 그로부터 무리 없이 적당한 분위기가 조성될 수 있다. 다른 사람에게 맞춘다는 것은 아주 대단한 일이다. 또한 대립의 상호 작용은 세계를 아름답게 만들고 유지하며 물리적인 조화에서 야기되는 것은 도덕적인 조화에서도 야기될 것이다. 친구와 하인의 선택에서 그러한 현명한 고려를 관찰하라. 왜냐하면 대립을 결합함으로써 아주 분별 있는 중도에서 마주칠 것이기 때문이다.

109

비난하지 말라. 열정이 아니라 자연스러운 성향에 이끌려서 모든 것에 범죄의 낙인을 찍는 어두운 기질을 가진 사람들이 있다. 그들은 모든 사람들에 대해 저주의 판결을 내리는데 어떤 사람들에게는 그들이 한 것에 대해, 어떤 사람들에게는 그들이 할 것에 대해 저주의 판결을 내린다. 그것은 잔인하고 비열한 감각을 입증한다. 그들은 죄의 파편으로 들보를 만들고 그것으로 상대의 눈을 찌를 것처럼 과장해 고발한다. 거기에 쓸데없는 열정이 더해지면 그들은 모든 것을 극단으로 몰아간다. 반대로 고귀한 심성은 분명하지는 않지만 주목하지 않음으로써 모든 것에 대해 용서할 줄 안다.

110

패배할 때까지 기다리지 말라. 현명한 사람의 처세술은 일이 우리를 떠나기 전에 먼저 일을 떠나는 것이다. 최후의 승리를 스스로 준비하라. 사람들이 태양을 보고 해가 졌는지 지지 않았는지 잘 모르도록, 심지어 태양도 종종 밝은 빛 속에서 구름 뒤로 물러난다. 수치심을 안고 사라지지 않기 위해서 좀 더 일찍 문제를 피하라. 세상이 당신에게 등을 돌리고 존경을 없앤 다음 당신을 무덤으로 데려가는 것을 기다리지 말아야 한다. 현명한 사람은 제때에 경쟁자를 은퇴시키고 자신이 경주로의 한 가운데서 추락하며 폭소를 자아내는 것을 기다리지 않는다. 미인은 그녀의 아름다움이 사라진 것을 깨닫기 전에 거울을 깨뜨린다.

111

친구들을 얻어라. 친구들을 얻는 것은 또 다른 삶이다. 모든 친구는 좋고 지혜롭다. 친구들 사이에서는 모든 일이 잘 진행된다. 모든 사람은 다른 사람들이 원하는 만큼 가치가 있다. 어떤 마술도 지금까지 베푼 호의에 비하면 효과가 크지 않다. 그리고 친구들을 얻기 위한 최선의 수단은 자신을 위해 친구들을 만드는 것이다. 우리는 최선의 것을 얻기 위해 대부분 다른 사람들에게 의존한다. 우리는 친구들이나 적들 사이에서 살아야 한다. 신뢰할 만한 친구가 아니라 호의적인 친구를 매일 한 사람씩 얻으려고 노력하라. 어떤 친구들은 꼼꼼한 선택을 거친 후에 종국에는 측근으로 남을 것이다.

112

사랑과 호의를 얻으라. 우리는 호의를 통해 유리한 의견을 얻는다. 어떤 사람들은 일의 가치를 매우 신뢰해 호의를 얻는 것을 무의미하다고 생각한다. 하지만 노련한 사람은 호의의 도움 없이 공로만 있는 길이 아주 멀고 험한 길이라는 것을 알고 있다. 호의는 모든 것을 용이하게 만들고 보완한다. 호의는 용기, 정직성, 학식, 심지어 지혜와 같은 것을 반드시 전제하는 것은 아니다. 아니, 호의는 그것들을 아무런 문제 없이 존재하는 것으로 보이게 만든다. 반면에 호의는 추악한 실수들을 보려고 하지 않는다. 호의는 보통 물질적인 일치에서 발생하는데 성향, 민족, 친족 관계, 조국 그리고 직위의 일치도 그와 같다. 사실 호의를 얻기는 어렵다. 그러나 우리는 호의를 얻을 수 있으니 그것을 이용할 줄 알라.

113

행복 속에서 불행을 생각하라. 여름에 겨울을 위해 양식을 모으는 것은 좋은 예방책이다. 행복한 시기에 호의는 진부하고 우호 관계는 과도하다. 불행한 시기를 위해 호의를 간직하는 것은 좋은 일이다. 따라서 친구들과 피의무자들을 미리 준비하

라. 평범한 사람들은 행복 속에서 친구들을 곁에 두지 않는데 그것 때문에 언젠가 불행 속에서 외면당할 것이다.

114

결코 경쟁자가 되지 말라. 다른 사람에게 대항하는 모든 요구는 명성에 해롭다. 경쟁자들은 곧 우리를 비방하려고 노력할 것이다. 정직하게 전쟁을 수행하는 사람은 별로 없다. 경쟁자들은 잊혔던 잘못들을 폭로한다. 많은 사람들이 경쟁자들 없이 명성을 유지했다. 경쟁의 과열은 오래 전에 사라진 모욕을 다시 불러내고 가장 오래된 말다툼을 땅으로부터 파낸다. 경쟁은 비방으로 시작되고 허용되는 것이 아니라 할 수 있는 것을 드러낸다. 그리고 적들은 저급한 만족을 구하고 수치스러운 사고를 다시 되새김질하기 위해 과소평가라는 무기를 흔든다. 늘 호의적인 사람들은 평온하고, 명망 있는 사람들은 보통 호의적이다.

115

지인들이 지닌 성격적 결함에 익숙해져라. 추한 얼굴들에도 익숙해져라. 그것은 의무적으로 만나야 하는 사람들이 모인 곳에서는 더욱 절대적이다. 함께 살아갈 수 없는 끔찍한 사람들이 있다. 그렇지만 그들 없이는 살아갈 수 없다. 추한 얼굴에 익숙해지듯이 그들에도 점차 익숙해질 것이다. 그리하여 아무리 끔찍한 상황에서도 완전히 평정을 잃지 않을 수 있을 것이다. 처음에 그들은 공포를 야기한다. 그러나 점차 그들은 끔찍함을 상실하게 되며 우리는 불편함을 방지하거나 참을 줄 아는 사람이 되기 위해 숙고하게 된다.

116

명예와 의무감을 갖고 있는 사람들과 교제하라. 그런 사람들과는 상호 의무를 원활히 이행할 수 있다. 그들 자신의 명예는 그들의 처신에 대한 최고의 보증이다. 왜냐하면 그들은 늘 자신의 품위를 고려해 행동하기 때문이다. 따라서 올바른 사람들과의 논쟁은 부당한 사람들에 대한 승리보다 낫다. 타락한 사람들과는 신뢰할 수 있는 교제를 할 수 없는데 그들은 정당성에 대해 의무를 느끼지 않기 때문이다. 따라서 그런 사람들 사이에는 진정한 우정이 존재하지 않고 그들의 우정 표시들은 참되게 보일지라도 진심은 아니다. 왜냐하면 어떤 명예감도 그것들을 굳건하게 만들지 않기 때문이다. 명예감이 없는 사람들을 항상 멀리하라. 왜냐하면 명예를 높이 평가하지 않는 사람은 덕도 높이 평가하지 않기 때문이다.

117

결코 자신에 대해 이야기하지 말라. 사람들은 스스로에 대해 자랑을 하는데 그것은 허영심이고, 혹은 자신을 비난하는데 그것은 소심한 것이다. 말하는 사람에게 어리석음이 드러나면 듣는 사람은 괴롭다. 이제 그러한 사태를 통상적인 교제에서 피해야 한다면 집회에서는 연설하고, 가장 가벼운 몰상식도 굉장한 몰상식으로 간주되는 고위직에 오른다면 더욱더 피해야 한다.

118

정중함이라는 명성을 얻어라. 왜냐하면 정중함이라는 명성은 인기를 얻는 제일 좋은 무기이기 때문이다. 정중함은 교양의 중요한 부분이고 모든 사람들의 호의를 끌어당기는 일종의 마력이다. 반대로 무례함은 경멸과 역겨움을 야기한다. 자만에 기인한 정중함은 혐오스럽고 천한 인격에 기인한 정중함은 경멸의 대상이다. 정중함은 지나치게 작기보다 오히려 매우 커야 하지만 모든 사람들에게 동등하게 적용해서는 안 되며, 만약 그렇게 되면 부당해질 것이다. 가치를 드러낼 수 있도록 적들 사이에서의 정중함은 의무다. 정중함은 비용이 적게 들고 효과가 크다. 모든 숭배자는 존중받는다. 예의와 명예는 특히 그것들을 보여주는 사람에게 머문다.

119

자신을 증오하게 만들지 말라. 역겨움을 야기하지 말라. 그것은 찾지도 않는데 저절로 나타나는 경우가 많다. 많은 사람들은 목적이나 이유를 모른 채 그저 혐오하면서 우리의 친절을 기다린다. 우리 본성의 악의는 욕망보다 더 활동적이고 신속하다. 어떤 사람들은 모든 사람들과의 관계가 나쁜 것을 두고 우쭐대는데 왜냐하면 그들은 싫증을 내거나 남들이 그를 싫증내도록 만들기 때문이다. 일단 증오가 뿌리를 내리면 그것은 악평과 마찬가지로 근절하기 어렵다. 넓은 이해력을 가진 사람들은 경탄의 대상이 되고 악한 혀를 가진 사람들은 혐오의 대상이 되고 오만한 사람들은 역겹다는 말을 듣고 조롱하는 사람들은 잔인하다는 말을 들으며 사람들은 별난 사람을 그냥 두고 가 버린다. 그러므로 존경심을 얻기 위해서는 존경심을 입증하라. 그리고 존경받는 것은 보물을 얻은 것과 다름없다고 생각하라.

120

숙명에 저항하지 말라. 심지어 앎조차도 유행을 따라야 한다. 사고방식과 취향은 시대에 따라 변한다. 구식으로 생각하지 말고 현대적인 취향을 가져라. 모든 분야에서 다수의 취향은 타당한 입장을 갖고 있다. 그러므로 다수의 취향을 지금 따라야 하고 더 높은 완벽성으로 발전되도록 노력해야 한다. 현명한 사람은 과거가 더 나아 보일지라도 육체와 정신의 장식을 가지고 현재에 적응하곤 한다. 그러한 삶의 규칙은 단순히 선의 때문에 적용되는 것이 아니다. 왜냐하면 덕은 늘 훈련해야 하기 때문이다. 오늘날 사람들은 덕에 대해 알고자 하지 않는다. 진실을 말하거나 약속을 지키는 것은 다른 시대의 산물인 것처럼 보인다. 착한 사람들이 좋은 시절에만 있었던 것처럼 보이지만 사실 그들은 여전히 사랑을 받는다. 한편 아직도 착한 사람들이 있다면 그들은 유행 속에 있지 않아 모방되지 않는다. 오, 덕이 생소하고 나쁜 일이 다반사인 불행한 세기여! 현명한 사람은 자신이 살 수 있는 대로 살아야 하고 그렇지 않다면 자신이 원하는 대로 살아야 하며 운명이 허락한 것을 운명이 거절한 것보다 더 가치 있다고 생각해야 한다.

121

문제가 아닌 것을 문제가 되게 하지 말라. 많은 사람들이 모든 것을 비방하듯이 어떤 사람들은 모든 것을 문제가 되게 한다. 그들은 항상 중요하게 이야기하고 모든 것을 진지하게 생각하며 그것을 다툼이나 비밀스러운 일이 되게 한다. 성가신 일을 진지하게 받아들이는 것은 드문 일이어야 한다. 그렇지 않으면 나쁜 때에 어려움에 빠질 것이기 때문이다. 개의치 않아야 하는 것을 마음에 담아 두는 것은 불합리한 것이다. 실제로 많은 일들은 그것들을 내버려 두었기 때문에 아무 문제도 되지 않았다. 처음에는 모든 것이 쉽게 제거될 수 있지만 나중에는 제거될 수 없다. 종종 약은 병을 초래한다. 그리고 내버려 두는 것도 종종 필요하다.

122

말과 행동에서 당당해라. 그것을 통해 사람들은 모든 곳에서 명성을 쌓고 존경심을 얻을 것이다. 당당함은 모든 면, 즉 교제, 말, 시선, 성향, 심지어 걸음에서도 나타난다. 마음을 자제하는 것이야말로 커다란 승리다. 당당한 것은 어리석고 뻔뻔한 태도에서 생기지 않는다. 오히려 당당한 것은 자연스럽고 또 공로에 의해 뒷받침된 우월성에서 생기는 품위 있는 권위에 근거를 두고 있다.

123

허세를 부리지 말라. 재능이 많으면 많을수록 덜 과시하라. 왜냐하면 자랑은 재능을 가장 비열하게 왜곡하기 때문이다. 허세는 그것을 행하는 사람에게 고통스러운 만큼 다른 사람에게 역겹다. 탁월한 개성들은 허세로 인해 그 공로를 상실한다. 왜냐하면 허세 섞인 개성들은 본성에서 나온 것처럼 보이기보다 기술을 통해 강요되는 것처럼 보이기 때문이다. 그리고 자연스러운 것은 인위적인 것보다 더 마음에 드는 법이다. 사람들은 항상 과시하는 사람을 보며 그가 과시하는 장점이 낯설다고 생각한다. 일을 잘 처리할수록 그것이 마치 우리의 천성에서 나온 것처럼 보이기 위해서 더욱더 그 안에 들인 노고를 숨겨야 한다. 또한 허세를 부리지 않음을 과시하는 허세에 빠져서도 안 된다. 현명한 사람은 결코 자신의 장점을 알고 있는 것처럼 보이지 않을 것이다. 왜냐하면 자신의 장점이 부각되지 않음으로써 다른 사람들의 자연스러운 주의를 끌기 때문이다. 그는 결국 박수갈채를 받게 된다.

124

사람들이 소망하는 사람이 되어라. 사람들에게 아주 큰 호의를 얻는 사람은 별로 없는데 분별 있는 사람들에게 호의를 얻는다면 그것은 커다란 행운이다. 사랑의 대가를 얻는 방법이 있다. 아주 확실한 방법은 탁월한 재능이 있어야 하는 것이고 매혹적인 행실을 보여 주는 것도 많은 호의를 얻을 수 있다. 그 모든 것들을 통해 직위가 우리를 필요로 하는 것일 뿐 우리가 직위를 필요로 하지 않는다는 것이 명백해진다. 어떤 사람들의 직위는 그들을 명예롭게 하고 어떤 사람들은 그 직위를 명예롭게 한다. 그러나 나쁜 후임자가 우리를 탁월하게 한다면 그것은 영예가 아니다. 이것은 우리가 다시 소망된다는 것을 의미하지 않고 다만 그가 혐오된다는 것을 뜻한다.

125

남의 죄를 들추지 말라. 다른 사람들의 치욕에 집중하는 행동은 더 이상 완벽한 명성을 갖고 있지 않다는 표시다. 어떤 사람들은 타인의 결함으로 자신들의 결함을 덮거나 아주 지우거나 혹은 그 속에서 위로를 구하는데 그것은 몰상식한 짓이다. 모든 도시의 오물 섞인 하수구 같은 사람들은 악취가 나는 호흡을 한다. 그런 종류의 일에서 가장 많이 파헤치는 사람은 스스로를 매우 모독하는 것이다. 과실이 없는 사람은 별로 없고 과실은 도처에 존재한다. 그러나 별로 유명하지 않은 사람들의 잘못은 알려져 있지 않다. 주의 깊은 사람은 타인의 죄를 들추게 되는 것을 조심해야 한다. 왜냐하면 그것은 살아 있더라도 무정한, 혐오스러운 인간이라는 것을 의미하기 때문이다.

126

어리석은 짓을 덮을 수 없는 사람은 어리석다. 스스로의 성향을 억제해야 하고 실수를 더욱더 억제해야 한다. 모든 인간은 과실을 범하지만 차이점이 분명하다. 현명한 사람들은 저지른 실수를 감추지만 어리석은 사람들은 자신들이 범하려고 하는 실수를 미리 속인다는 것이다. 우리의 명성은 행동보다는 비밀 유지에 근거를 두고 있다. 충분하지 않으면 은밀하게 하라. 위대한 사람들의 과오는 커다란 세상의 어두움으로 간주될 수 있다. 심지어 우정에 있어서도 자신의 실수를 친구에게 떠넘기지 말아야 한다. 숨길 수 있다면 자기 자신에게도 그 실수를 숨겨야 한다. 하지만 삶의 다른 규칙으로도 스스로를 도울 수 있는데 그것은 망각을 통해서다.

127

매사에 고상하고 자유로운 솔직함을 보여라. 솔직함은 재능의 생명이고 말의 호흡이며 행동의 영혼이고 장식 중의 장식이다. 완벽성은 우리 본성의 장식이지만 솔직함은 완벽 그 자체다. 심지어 사고에서도 그것이 나타날 수 있다. 솔직함은 자연의 선물이지 교양의 소산이 아닌데 왜냐하면 솔직함은 교육조차 능가하기 때문이다. 솔직함은 가벼움 이상이며 대담성에까지 이른다. 솔직함은 자연스럽게 이루어지고 완벽함을 더해준다. 솔직함이 없이는 모든 아름다움은 죽어 버리고 모든 우아함은 세련되지 못한 것이 된다. 솔직함은 용감함, 지혜, 주의 깊음과 위엄을 능가한다. 솔직함은 모든 어려움에서 고상하게 빠져나오는 섬세한 지름길이다.

128

뛰어난 감각을 길러라. 이것은 영웅이 되기 위한 첫 번째 요건 중 하나인데 왜냐하면 뛰어난 감각은 모든 위대성을 위해 불타오르기 때문이다. 뛰어난 감각은 취향을 개선하고 마음을 넓히며 사고력이 증대되고 심성을 고상하게 만들며 품위도 고양되도록 한다. 누구에게서 뛰어난 감각이 발견되든 간에 때때로 시기하는 운명이 그를 좌절하게 만들지라도 환한 표정을 짓게 되고 또한 그의 의지를 넘어 감각이 전파된다. 관용, 아량 그리고 모든 영웅적인 개성은 뛰어난 감각 속에서 그 원천을 인식한다.

129

결코 불평하지 말라. 불평은 늘 우리의 명성에 해롭다. 어떤 사람들은 그들이 겪은 불의에 대한 불평을 통해 새로운 불의에 동기를 부여하고 도움이나 위로를 구함으로써 심지어 경멸을 당한다. 그럴 거라면 어떤 사람에게서 얻은 호의를 다른 사람에게 자랑하여 그에게도 비슷한 의무를 지우는 것이 훨씬 더 뛰어난 수완이다. 자리에 없는 사람들에게 감사함으로써 자리에 있는 사람들에게도 바로 그러한 감사를 받고 싶어 하도록 촉구할 수 있다. 우리가 어떤 사람에게 얻은 명성을 다른 사람들에게도 파는 것이다. 그러므로 주의 깊은 사람은 자신이 겪은 불쾌함이나 자신의 실수를 결코 알리지 않을 것이지만 자신이 누리는 존경심을 알릴 것이다. 그것을 통해 그는 친구들을 곁에 두고 적들을 얽맨다.

130

행하고 보게 하라. 모든 사태는 실제로 존재하는 것으로 간주되고 가상적인 것으로 간주되지 않는다. 가치가 있고 그것을 보여 줄 수 있는 것은 두 배의 가치를 갖고 있다는 것을 의미한다. 보이지 않는 것은 존재하지 않는 것과 같다. 올바름 자체도 그것이 올바름으로 나타나지 않으면 존중될 수 없다. 기만당한 사람들의 수는 분별 있는 사람들의 수보다 훨씬 더 많다. 기만의 지배 아래 있는 사람들은 사태를 외부적인 것들을 통해서만 평가한다. 그러나 많은 것들은 보이는 것과는 아주 다르다. 외면을 잘 가꾸라는 것은 내적인 완벽성을 드러내기 위한 최선의 권유다.

131

고상한 심성. 대범한 마음과 고결한 정신을 가진 사람이 있다. 이것이 아름답게 표현되면 성품은 아주 찬란하게 빛난다. 누구나 그러한 고상한 심성을 가진 것은 아니다. 이는 정신의 위대함을 전제로 한다. 그는 적에 대해 좋게 말하고 그에게 더 나은 행동을 보여야 한다. 그는 복수할 기회가 왔을 때 진가를 발휘한다. 그 복수를 피하는 것이 아니라 바로 승리의 직전에 예기치 못한 관용으로 그 복수를 바꾸는 것이다. 그의 수완은 외교의 꽃이다. 그는 결코 승리를 과시하지 않는데 왜냐하면 아무것도 과시하지 않기 때문이다. 승리의 공을 얻어도 고상한 심성은 이를 감춘다.

132

두 번 숙고하라. 특히 일이 아주 명쾌하지 않으면 동의하기 위해서 혹은 자신을 개선하기 위해서 시간을 얻어라. 결정을 더욱더 굳건하게 하거나 확인할 새로운 여건들이 드러난다. 선물을 받으면 신중하게 선물을 골랐을 때보다 더 기뻐하기 마련이다. 마찬가지로 오랫동안 열망된 것은 가장 높이 평가되곤 한다. 반면에 거절해야 하면 부정을 완숙하게 표현하기 위한 방식을 구할 수 있는 시간을 얻어라. 그래야만 떫은맛이 덜 난다. 게다가 처음에 흥분이 사라지면 나중에 냉정해질 때 거부감을 덜 느끼게 된다.

133

분별력을 드러내면 안 된다. 그것보다는 모든 사람들과 함께 바보인 것이 낫다고 정치적인 두뇌들은 말한다. 분별력 있는 사람이 혼자이면 그는 바보로 간주될 것이다. 따라서 대세에

순응하는 것이 중요하다. 때때로 가장 커다란 앎은 무지 혹은 무지의 과시에 있다. 다른 사람들과 함께 살아갈 수 있어야 하는데 우리 주변에는 무지한 사람들이 다수다. 혼자 살기 위해서는 완전히 동물과 유사해야 한다. 그렇지만 나는 다음과 같이 말하고 싶다. 혼자서 바보인 것보다는 다른 사람들과 달리 분별력 있는 것이 낫다. 왜냐하면 어떤 사람들은 환상에서 독창성을 찾아내기 때문이다.

134

삶의 요건을 두 배로 소유하라. 그렇게 함으로써 삶의 질이 배가된다. 어떤 일이 아무리 이례적이라 할지라도 그것에 의존해서는 안 되고 하나의 일에 제한되어서도 안 된다. 모든 것, 특히 출세, 호의, 향유의 원인들을 두 배로 갖고 있어야 한다. 달도 자주 그 모습이 바뀌고 특히 나약한 인간의 의지에 달려 있는 일들도 자주 변한다. 자신에게 비축된 장점으로 스스로의 나약함을 보호하고 안락함이 두 배가 되도록 노력하는 것을 중요한 삶의 규칙으로 삼아라. 자연이 우리에게 중요한 신체 요소를 두 개씩 부여했듯, 우리는 기술을 통해 삶의 질을 배가해야 한다.

135

반항심을 품지 말라. 왜냐하면 반항심은 어리석고 역겹기 때문이다. 그것에 대항하기 위해 모든 지혜를 동원하라. 모든 면에서 어려움을 발견하는 것은 때때로 통찰력을 지녔다는 것을 입증한다. 이 경우에 완고하면 몰상식하다는 비난을 얻게 될 뿐이다. 그러한 사람들은 부드럽고 유쾌한 담소가 사소한 싸움이 되게 만든다. 그들은 분별력이 없고 구제불능이며 사나운 동물과 어리석은 동물을 합친 것과 같다.

136

일에 몰두하되 어떻게 진행되는지 주시하라. 많은 사람들은 사태의 본질을 파악하지 못하고 복잡하고 무의미한 숙고 또는 지치게 만드는 무수한 수다 속에서 방황한다. 그들은 한 가지 일의 주위를 수백 번 맴돌고 자신과 다른 사람들을 피로하게 만들지만 결코 본래의 요점으로 돌아오지 못한다. 그것은 헤쳐 나올 수 없는 모호한 파악 능력 때문이다. 그들은 내버려 두어야 좋을 것을 건드려서 시간과 인내를 바닥나게 만든다.

137

지혜로운 사람은 다른 사람의 도움을 필요로 하지 않아야 한다. 모든 면에서 자기 자신을 지켜낸 사람은 스스로를 짊어졌을 때 자신의 모든 장점을 수중에 넣게 된다. 로마와 전 세계를 줄 수 있는 다재다능한 친구가 있다면 스스로 이런 친구가 되

라. 그러면 혼자서 살 수 있을 것이다. 누구도 따라올 수 없는 이성과 취향을 가진 사람이 누구를 원하겠는가? 그는 자신에게 의존할 것이고, 그렇게 최고의 존재가 된다는 것은 최고의 축복이다. 이렇게 혼자서 살 수 있는 사람은 많은 점에서 현명한 사람과 유사하며 모든 점에서 신과 유사할 것이다.

138

사태를 내버려 두는 기술도 필요하다. 공적인 생활이나 가정생활의 파도가 광포하게 요동치면 요동칠수록 더 내버려 두어라. 인간사에는 정열의 소용돌이와 폭풍우가 있다. 그때에는 얕고 안전한 항구로 후퇴하는 것이 현명하다. 수단은 종종 악을 악화시킨다. 의사는 처방하기 위해서만이 아니라 처방하지 않기 위해서 많은 과학을 필요로 한다. 때때로 기술이란 어떤 수단을 사용하지 않는 데 있다. 대규모의 소용돌이를 진정시키기 위한 방법은 손을 빼고 그것을 내버려 두는 것이다. 오늘의 일시적인 굴복은 장차 유사한 경우가 다시 올 경우 승리를 보장한다. 샘은 작은 물결로 흐려지는데 어떤 기술로 다시 맑은 샘이 되지는 않고 그저 시간이 흐르면 다시 맑은 샘이 된다. 분열과 혼란에 대항하는 최선의 수단은 그것들을 원래의 진로로 나아가도록 하는 것이다. 왜냐하면 분열과 혼란은 그렇게 스스로 진정되기 때문이다.

139

불행한 때를 알라. 왜냐하면 그와 같은 때가 있기 때문이다. 그때에는 아무것도 잘 되지 않는다. 모든 것, 심지어 이성도 변한다. 그 누구도 늘 현명하지는 않다. 편지를 잘 쓰는 것과 마찬가지로 올바르게 생각하는 데는 행운도 필요하다. 모든 일의 완성은 시기에 달려 있다. 아름다움은 영원히 지속되지 않고 지혜도 어떤 일들에 때로는 지나치게 적게, 때로는 지나치게 많이 쓰여서 사그라든다. 또한 어떤 사람들에게는 모든 것이 잘 이루어지지 않는다. 어떤 사람들에게는 적은 노력으로 모든 것이 잘 이루어진다. 그 사람들은 모든 것이 이미 성공했다고 생각하고 기분이 최고조에 달해서 자신의 머리 위에 행운의 별이 빛난다고 생각한다. 하지만 신중한 사람은 하나의 사고 때문에 그날이 나쁘거나 혹은 반대로 좋다고 단호하게 선언하지 않을 것이다. 왜냐하면 전자는 작은 불만이 될 수 있고 후자는 다행스러운 우연일 수 있기 때문이다.

140

매사에 있어 좋은 면을 발견하라. 이것은 좋은 취향이며 행운이다. 꿀벌은 꿀을 모으기 위해 단 것으로 달려들고 뱀은 독을 모으기 위해 쓴 것으로 달려든다. 이와 같이 어떤 사람들의 취향은 좋은 것으로 향하고 어떤 사람들의 취향은 나쁜 것으로 향한다. 좋은 것이 하나도 없는 것은 아무것도 없다. 다만 많은 사람들은 기질이 매우 불행해서 수많은 완벽한 행위 속에서도 즉시 그 속에 있는 사소한 실수를 발견하고 그것을 거세게 비난한다. 다른 사람들의 결과물을 보는 입만 산 관찰가로서 실수에 대해 이야기하는 것이다. 이렇게 그들은 통찰력을 가지고 보는 것이 아니라 나쁜 선택으로 인해 파생된 과오를 기록한다. 그들은 늘 쓴 것을 먹고 불완전 것을 자신들의 양식으로 삼아 슬픈 인생을 보낸다.

141

자신을 경청하지 말라. 다른 사람들의 마음에 들지 않으면 자신의 마음에 드는 것은 별로 소용이 없고 경멸을 사게 되면 자기 자신의 만족감도 사그라든다. 자기 자신에게 지나치게 만족하는 사람은 결코 다른 사람을 만족하게 만들지 못할 것이다. 말을 하고 동시에 스스로 경청하는 것은 잘 되지 않는다. 그리고 자신과 이야기하는 것이 바보스러운 행위라면 다른 사람들 앞에서 자신을 경청하려고 하는 것은 더 큰 바보 행위다. 청취자를 고문하는 듯한 저음으로 "나는 무엇인가를 말한다."라고 하는 것은 위대한 사람들의 약점이다. 모든 문장에서 그들은 박수갈채나 아첨에만 귀를 기울이고 현명한 사람들의 인내를 극단으로 몰아간다.

142

고집 때문에 결코 더 나쁜 편에 서지 말라. 왜냐하면 적은 이미 더 나은 편에 섰기 때문이다. 그렇지 않으면 패배를 당한 채 싸움터에 들어서고 그래서 결국 모욕적인 모습으로 철수해야 한다. 나쁜 무기를 갖고는 결코 잘 싸울 수 없다. 완고한 사람들은 진실임을 알면서도 논쟁하며 이익을 얻었음에도 고소하는 데서 자신들의 비열함을 보여 준다. 현명한 사람은 처음부터 올바른 편에 선 사람으로 그곳에 들어섰거나 혹은 더 나은 것을 숙고함으로써 실수를 깨달은 다음에 결코 열정의 편에 서지 않고 항상 올바른 편에 선다. 적이 어리석다면 자신의 길을 바꾸고 그래서 더 나쁜 편에 설 것이다. 그러므로 그를 더 나은 것에 이르지 못하게 하기 위한 유일한 수단은 더 나은 것을 스스로 장악하는 것이다. 왜냐하면 그는 어리석음으로 인해 그것을 지나치기 때문이고 그러한 고집을 통해 다른 사람은 그 사람에게서 해방된다.

143

진부하다는 생각 때문에 입장을 바꾸지 말라. 그것은 우리의 명성에 해롭다. 태연함에 역행하는 모든 시도는 바보스러운 행위다. 역설은 처음에 박수갈채를 받는데 그것은 기만이다. 왜냐하면 역설은 새롭고 매혹적인 것을 통해 우리를 놀라게 하기 때문이다. 나중에 속임수가 사라지고 약점이 명백해지면 좋지 않은 결과가 나타날 뿐이다. 역설은 일종의 현혹이며 국사에 있어서는 국가의 파멸을 의미한다. 정말 위대한 업적을 성취할 수 없거나 그런 일을 할 수 없는 사람은 역설에 전념한다. 그들은 바보들에게 찬미되지만 현명한 사람들은 그들이 곧 벽에 부딪칠 것이라는 예언을 하게 된다. 역설은 판단력이 괴팍하다는 것을 증명하고 때때로 그릇된 근거를 제시하지 않더라도 중요하고 커다란 위험을 드러낸다.

144

자신의 문제를 갖고 후퇴하려면 남의 문제를 갖고 등장하라. 그것은 목적을 위한 교활한 수단이다. 천국에 관련된 일에서조차도 기독교의 스승들은 거룩한 술책을 사용하도록 훈계한다. 그것은 중요한 위장이다. 왜냐하면 그런 유보는 타인의 의지를 유도하는 미끼로 이용되기 때문이다. 그 의지에 문제가 생기는 것 같지만 그 문제는 단지 타인의 계획에 길을 열어 주기 위해서 존재한다. 근거가 부족하고 위험한 곳에서는 결코 성급하게 전진해서는 안 된다. 더구나 첫 마디가 늘 부정적인 사람들은 피하는 것이 현명하다. 그들이 변화를 예감할 수도 있는 곳에서는 더욱더 그렇다.

145

스스로를 모욕하면 모든 것이 잘못된다. 그것에 대해 불평하지 말라. 악의는 항상 약점을 아프게 두드린다. 분노하면 남의 기분을 돋우어줄 뿐, 자신에게는 아무런 쓸모가 없을 것이다. 악한 고의성은 폭로할 수 있는 결함을 찾으면서 이리저리 기어서 돌아다닐 것이다. 계속 채찍으로 내리치고 다친 지점을 발견할 때까지 그 시도를 수없이 반복할 것이다. 주의 깊은 사람은 결코 자신이 맞았다는 것을 보여 주어서는 안 되고 개인적인, 혹은 유전적인 악을 폭로해서도 안 된다. 왜냐하면 때로는 운명조차도 가장 아픈 곳을 찌르기를 좋아하기 때문이다. 따라서 어떤 것은 끝나고 어떤 것은 지속되도록 아픈 것도 기쁜 것도 드러내지 말라.

146

내면을 들여다보라. 사람들은 대부분 사물들이 눈에 보이는 것과 크게 다르다고 생각한다. 그러나 자신 안의 무지를 깨달으면 그 속임수가 사라지는 것을 본다. 어리석은 사람들을 대부분의 일이 거짓말이라고 믿는다. 그러나 진실은 늘 시간의 팔을 잡고 절뚝거리면서 마지막에 온다. 따라서 현명한 사람들은 진실을 위해 인내한다. 기만은 매우 피상적인 것이다. 따라서 피상적인 사람들은 기만을 겪게 된다. 그러나 참되고 올바른 것은 지혜롭고 현명한 사람들에게 더욱더 높이 평가되기 위해 깊이 숨어 있는 법이다.

147

무뚝뚝하게 행동하지 말라. 아무도 완벽하지 않다. 누구의 말도 들으려고 하지 않는 사람은 치유가 불가능할 정도로 몰상식하다. 심지어 매우 신중한 사람도 친절한 조언을 들어야 하고 제왕의 권력조차도 조언으로 인한 변화의 가능성을 배제해서는 안 된다. 구제불능인 사람들이 있는데 그들은 아무것도 받아들이지 않는다. 그리고 아무도 자신들을 제지하지 않기 때문에 파멸로 추락한다. 가장 탁월한 사람도 우정을 위해서는 문을 열어 두어야 한다. 그 문은 어려울 때 도움이 될 것이다. 친구는 자신의 판단을 유보하지 않고 조언하고 비난할 자유가 있어야 한다. 그에게 신의와 분별에 대해 만족과 고견을 얻어야 할 것이다. 모든 사람들에게 쉽게 믿음을 주어서는 안 된다. 그러나 오류에 대한 질책과 정정의 덕을 보고 있고 그러한 것들을 평가할 줄 아는 측근은 신뢰하는 것이 마땅하다.

148

담소를 나누는 기술을 지녀라. 그 기술 속에서 완전한 인간이 만들어진다. 왜냐하면 담소는 가장 통상적인 기술이므로 사람들은 그것을 통해 고양되거나 추락할 것이기 때문이다. 서면을 통한 담소라고 할 수 있는 편지를 쓰는 데 신중함이 필요하다면 예기치 않은 시험에 견뎌야 하는 통상적인 담소에서는 얼마나 많은 것이 필요한가! 노련한 사람들은 혀에서 영혼의 맥박을 느끼고 그 때문에 현자는 다음과 같이 말했다. "내가 너를 알 수 있도록 말하라." 이것은 친구들 간의 세심한 담소에도 적용된다. 중요한 사람들과 담소를 나누는 경우에는 말하는 사람의 깊이를 입증하기 위해 그 내용이 풍부해야 한다. 대화의 내용을 잘 파악하기 위해서 함께 이야기하는 사람들의 기질과 이성에 적응해야 한다. 또한 타인의 말을 비난하기 위해 지식을 과시하지 말라. 그렇지 않으면 문법학자로 여겨진다. 말하는 데 있어서는 자제가 웅변보다 훨씬 더 중요하다.

149

나쁜 일을 다른 사람에게 미룰 줄 알라. 악의를 향해 방패를 드는 것은 통치자들의 커다란 술책이다. 그 술책은 시기하는 사람들이 생각하는 것과는 달리 무능함을 드러내기보다 오히려 실패의 비난과 전반적인 비방이라는 공격을 감수해야 할 누군가를 곁에 둘 수 있는 능력이다. 모든 것이 잘 진행될 수는 없고 모든 사람들이 만족하게 할 수도 없다. 따라서 자만심을 희생한다 할지라도 불행한 시도의 속죄양이 될 사람과 뒤처리를 할 사람을 곁에 두어라.

150

자신의 일을 탁월하게 표현하라. 일의 내면적 가치는 충분하지 않고 모든 사람들이 핵심에 이르기 위해 고뇌하거나 내면을 직관하는 것은 아니다. 오히려 대부분의 사람들은 많은 사람들이 모인 곳으로 가는데 왜냐하면 그들은 그저 다른 사람들이 가는 방향으로 따라가기 때문이다. 칭찬은 욕망을 야기하기 때문에 때로는 칭찬을 통해, 때로는 지고한 의견에 매우 유익한 탁월한 명명을 통해 일에 명성을 가져다주는 데 대부분의 기교가 쓰인다. 그렇지만 그 경우에 모든 허세는 피해야 한다. 반면에 일을 결코 가볍거나 일상적인 것으로 묘사해서는 안 되는데 왜냐하면 명성이 그로 인해 완화되기보다 과소평가되기 때문이다. 모든 사람들은 이례적인 것을 찾는데 왜냐하면 그것은 그들의 이성과 취향으로 인해 더 매력적으로 보이기 때문이다.

151

오늘, 내일 그리고 먼 훗날을 미리 생각하라. 주의해야 할 점은 이런 숙고에 특별한 시간적 여유를 부여해야 하는 것이다. 신중한 사람에게는 사고가 없고 주의 깊은 사람에게는 위험이 없다. 진창에 목이 잠길 때까지 생각을 연기해서는 안 되며 미리 염두에 두어야 한다. 여러 차례의 성숙한 숙고를 통해 도처에서 나타날 극단적인 불운에 대비해야 한다. 많은 사람들은 먼저 행동하고 나중에 생각하는데, 이것은 결과보다는 타인의 용서를 염두에 두고 있다는 것을 의미한다. 살아가는 동안 올바른 길을 놓치지 않도록 지속적으로 생각해야 한다. 반복적인 숙고와 주의는 우리가 인생 항로를 미리 규정할 수 있게 만든다.

152

타인을 무색하게 만드는 사람과 결코 어울리지 말라. 큰 장점은 더욱더 존경받는다. 그 경우에 훌륭한 사람은 항상 주역을 맡고 우리는 조역을 맡을 것이다. 우리에게 아직 가치 평가를 할 여지가 있다면 그것은 그 평가를 남겨 두는 것이다. 달은 별들의 곁에 있는 한 빛난다. 해가 나오면 달은 빛나지 않거나 보이지 않는다. 그러므로 타인의 영향 때문에 어두워지는 무리에 결코 가담하지 말고 그들을 통해 부각되는 사람에게 다가가라. 그러나 마찬가지로 나쁜 동료 때문에 위험에 처해서는 안되고 스스로의 명성을 희생하며 다른 사람의 명예를 높여서는 안 된다. 아직 발전하는 상태라면 탁월한 사람들에게 매달려야 하지만 출세한 사람이라면 평범한 사람들에게 의지해야 한다.

153

커다란 결함이 보완되어야 하는 곳에 들어가는 것을 조심하라. 하지만 그런 일을 행하면 이 사실을 염두에 두어라. 전임자를 능가하고 그에게 필적하는 것은 더 큰 가치를 요구한다. 커다란 결함을 보완하는 것은 어렵다. 왜냐하면 '구관이 명관'이라는 인식이 쉽게 나타나기 때문이다. 그리고 심지어 전임자와 같아서는 충분하지 않은데 그는 이미 특별한 장점을 소유하고 있기 때문이다. 따라서 다른 사람이 더 좋은 의견을 내지 못하게 하기 위해서는 장점을 더 추가해야 한다.

154

쉽게 믿지 말고 쉽게 사랑하지 말라. 정신의 성숙은 서서히 믿는 데서 나타난다. 거짓말은 매우 흔하다. 그래서 믿음은 이례적이어야 한다. 쉽게 사로잡히는 사람은 나중에 모욕당한다. 한편 다른 사람의 말에 의심을 밝혀서는 안 되는데 왜냐하면 그로 인해 말하는 사람을 사기꾼이나 기만당한 사람으로 만듦으로써 무례한 인간이라는 손가락질을 받을 것이기 때문이다. 듣는 사람이 판단을 자제하는 것은 현명한 일이지만 말하는 사람은 그가 판단하는 사람을 증인으로 내세워야 한다. 또 다른 경솔한 행동은 쉽게 애정을 쏟는 것이다. 왜냐하면 말로써뿐만 아니라 행위로서 기만당하기 때문이고, 사실 후자에 해당하는 방식의 기만이 훨씬 더 위험하다.

155

분노에 빠질 기술. 현명하게 숙고하여 평범한 교만을 억눌러야 하고 현명한 사람에게 그것은 어렵지 않을 것이다. 그러나 분노에 빠지면 첫 번째 할 일은 자신이 분노하고 있다는 사실을 깨닫는 것이다. 그것을 통해 우리는 감정을 지배한다. 이제 분노의 어느 지점까지 가야 하는지 필연성을 평가하고, 그 다음에 더는 분노하지 말라! 사람들은 그러한 우월한 교활함을 갖고 분노에 이르고 분노에서 빠져나온다. 훌륭하게, 그리고 올바른 때에 규칙을 엄수할 줄 알라. 왜냐하면 달릴 때 가장 어려운 것은 정지하는 것이기 때문이다. 이성의 가장 커다란 증거는 분노하면서도 계속 현명함을 유지하는 것이다. 과도한 열정 때문에 우리는 이성적인 본성에서 이탈하는 것이다. 다만 탁월하게 주의할 때 이성은 결코 함정에 빠지지 않고 커다란 보호의 벽을 넘지 않을 것이다. 열정을 억제하기 위해서 늘 주의라는 재갈을 손에 간직해야 한다.

156

친구를 선택할 때 신중하라. 이성이 행운에 흔들리지 않는 친구가 필요하다. 따라서 친구는 성향을 통해서 뿐만 아니라 통찰력을 통해서 선택한 사람들이어야 한다. 이 점에 있어서 선택을 잘 하는 것이 삶에서 가장 중요한 것이지만 사실 그렇게 세심하기는 어렵다. 어떤 친구들은 집요하게 우리를 따라붙지만 대부분의 친구들은 우연히 만난 것이다. 그렇지만 사람은 친구들에 의해 평가된다. 왜냐하면 지혜로운 사람과 무지한 사람 사이에는 의견이 일치한 적이 없기 때문이다. 누군가에게서 자신과 비슷한 취향을 발견하는 것은 아직 신뢰할 만한 우정의 증거가 아니다. 그것은 능력에 대한 신뢰보다 심심풀이 담소의 결과일 가능성이 크다. 진정한 우정과 가짜 우정이 존재하는데 가짜 우정은 즐거움을 위해, 진정한 우정은 탁월한 생각과 행위의 생산성을 위해 존재한다. 소수의 사람들은 인격이 있는 친구들이고 대부분의 사람들은 행복할 때에만 같이 어울릴 친구들이다. 어떤 친구의 유능한 통찰력은 많은 다른 친구들의 선의보다 더 유익하다. 따라서 친구들과의 만남을 우연에 맡기지 말고 선택에 맡겨라. 현명한 사람은 성가신 일을 피할 수 있다. 그러나 어리석은 친구는 그에게 성가신 일을 가져다준다. 또한 친구들을 간직하고자 한다면 친구들에게 지나치게 커다란 기대를 갖지 말라.

157

사람들에게 속지 말라. 그것은 가장 사악하고 쉬운 속임수다. 사람들은 상품보다 가격에 더 잘 기만당한다. 다른 모든 것 이상으로, 인간에게는 내면을 바라보는 것이 필요하다. 사태를 이해하는 것과 인간을 아는 것은 차원이 아주 다르다. 사람들을 탐구하고 성격들을 구별하는 것은 심오한 철학이다. 책을 연구하듯 인간들을 많이 연구하는 것이 필요하다.

158

친구들을 이용할 줄 알라. 어떤 사람들은 멀리 있을 때 좋고 어떤 사람들은 가까이 있을 때 좋다. 많은 사람들이 담화에 적합하지는 않지만 서신 교환에는 아주 적합하다. 거리를 두면 가까이에서는 참을 수 없었던 몇 가지 실수가 희미해진다. 즐거움뿐만 아니라 이득도 친구에게서 얻어야 한다. 왜냐하면 세 가지 성질, 즉 신뢰와 호의 그리고 진리를 소유해야 하기 때문이다. 친구는 모든 면에서 누군가의 전부다. 그러나 누군가에게 좋은 친구가 될 수 있는 사람은 적고, 그들을 선택할 줄 모른다는 사실은 그들의 수를 더 적게 만든다. 친구들과의 우정을 유지하는 것은 그들을 얻을 줄 아는 것 이상이다. 오랫동안 친구가 될 수 있는 그러한 사람들을 찾아라. 그리고 그들이 낯설다면 시간이 흘렀을 때 익숙해질 수 있다는 것에 안심하라. 최고의 친구들은 소금과 같은 사람들이다. 어떤 황무지에 있어도 친구들이 없는 것만큼 슬프지는 않다. 우정은 선을 키우고 악을 줄인다. 우정은 불행에 대항할 유일한 수단이고 영혼의 자유로운 호흡이다.

159

바보들을 참을 수 있어야 한다. 지혜로운 사람들은 늘 초조하다. 지식을 증대시키는 사람은 그들의 초조함을 더 크게 만든다. 커다란 통찰력은 충족하기 어렵다. 모든 종류의 바보스러움을 참아야 한다면 커다란 인내가 필요할 것이다. 종종 우리는 가장 크게 의존하는 사람들을 가장 많이 참아내야 한다. 그것은 유익한 자기 극복 훈련이다. 인내하면 세상의 행복인 소중한 평화가 생긴다.

160

말할 때 주의하라. 경쟁자들과 함께라면 말할 때 자신의 깊이가 드러나지 않도록 주의해야 하고 다른 사람들과 함께라면 말할 때 예절을 지키기 위해서 주의해야 한다. 한마디를 추가할 시간은 항상 있지만 한마디를 철회할 시간은 결코 없다. 유언을 남기는 것처럼 신중히 말하라. 말이 적으면 적을수록 싸움은 줄어든다. 하찮은 것을 대할 때 가장 중요한 것을 위해 훈련하라. 비밀스러운 것은 어떤 신적인 면모를 갖고 있다. 말을 하는 데 경솔한 사람은 곧 패배하거나 좌천될 것이다.

161

자신이 자주 범하는 실수를 파악하라. 가장 완벽한 사람도 그와 같은 약점이 있을 것이고 그는 그것들과 결합했거나 밀애 관계에 있다. 자주 범하는 실수들은 종종 습관 속에 놓여 있고 그 습관이 깊을수록 실수도 더욱 커지거나 눈에 띄게 된다. 여기서 드러나는 이중의 악은 실수와 그에 대한 정열적인 성향이다. 실수는 완벽성의 오점이고 다른 사람에게는 역겨움의 대상이다. 여기서 자신의 나머지 장점들을 그러한 결함에서 해방되도록 만들기 위해 대담한 자기 극복이 필요하다. 당신의 적들은 사람들이 경탄하는 기타의 좋은 일을 칭찬해야 할 때, 그때는 꾹 참고 그 밖의 재능을 비난하기 위해 가능한 한 모략한다.

162

경쟁자와 적대자들에게 승리할 줄 알라. 그들을 경멸하는 것은 현명하지만 충분하지 않다. 오히려 고결함이 문제다. 누군가에 대해 나쁘게 이야기하는 사람을 좋게 이야기하는 사람은 칭찬을 받는다. 시기하는 사람들을 이기는, 재능과 공로를 통한 복수보다 더 영웅적인 복수는 없다. 적대자의 영예는 경쟁자의 지옥이다. 그것은 모든 벌 중에서 가장 큰 벌인데 왜냐하면 그 벌은 행복을 죽이는 독이기 때문이다. 시기하는 사람은 한 번 죽지 않고 박수갈채 소리가 상대에게 울려 퍼질 때마다 죽는다. 어떤 사람의 영원한 영예는 어떤 사람에게는 고통의 척도다. 전자는 영원히 명예롭고 후자는 영원히 고통받는다. 영예의 나팔은 전자에게 영원히 울려 퍼지고 후자에게는 교수대의 밧줄로 죽음을 선언한다.

163

결코 동정 때문에 불행한 사람의 운명을 가까이 끌어들이지 말라. 어떤 사람에게 불행인 것이 종종 다른 사람에게는 가장 다행스러운 사건이다. 왜냐하면 많은 사람들이 불행하지 않다면 아무도 행복하지 않을 것이기 때문이다. 불행한 사람들은 남들의 선의를 쉽게 얻어 운명의 시련을 보상하고자 한다. 종종 행복의 절정에서는 모든 사람들에게 저주를 받았으나 불행해지자 모두가 동정하는 경우가 있다. 높은 자리에 있는 사람에 대한 복수욕은 추락한 사람에 대한 동정으로 변화했다. 하지만 현명한 사람은 운명이 어떻게 카드를 섞는지 주의해야 한다. 항상 불행한 사람들과 함께 가는 사람들이 있다. 그것은 고상한 심성을 지녔다는 것을 입증하지만 지혜로운 행동은 아니다.

164

많은 일을 일시적으로 조사하기 위해 직접 관계하는 것을 피하라. 특히 그런 일에 대해 동의하거나 혹은 그런 일의 성공에 대해 사람들은 불신을 품는다. 혹은 그것을 통해 좋은 결말을 확신할 수 있다면 늘 진지하게 하거나 양보할 여지를 간직한다. 사람들은 그런 식으로 성향들을 점검하고 주의 깊은 사람은 그 기반을 잘 안다. 그것은 부탁, 사랑 그리고 통치에서 가장 중요한 안전 대책이다.

165

성실한 적대자가 되어라. 누구나 있는 그대로 행동해야 하며 남들이 원하는 대로 행동해서는 안 된다. 경쟁자와의 싸움에서 고결한 마음을 지닌다면 박수갈채를 받는다. 우월성을 통해서뿐만 아니라 처리 방식을 통해서 승리를 거둘 수 있도록 싸워라. 비열한 승리는 영예가 아니라 오히려 패배다. 세상은 적어도 겉으로 보기에 항상 아량이 지배한다. 올바른 사람은 금지된 무기를 결코 사용하지 않는다. 배신의 냄새가 나는 모든 것은 좋은 이름을 더럽힌다. 존중을 요구하는 사람들은 모든 저열한 흔적에 불쾌해한다. 고상한 영혼과 타락은 서로 멀리 떨어져야 한다. 고상함, 관용 그리고 신의가 세상에서 사라졌다면 그것들이 우리의 가슴 속에서 다시 발견되리라는 것을 영예로 삼아라.

166

말을 하는 사람과 행동하는 사람을 구별하라. 그러한 구별은 친구들, 사람들 그리고 직위의 구별과 마찬가지로 가장 커다란 정확성이 필요하다. 왜냐하면 말과 행동은 아주 다르기 때문이다. 말은 바람 같아서 온전히 자신의 것으로 만들 수 없다. 공손한 말씨로만 살 수는 없는데 그것들은 정중한 기만이다. 새들을 빛으로 잡는 것은 진정한 현혹이다. 우쭐한 사람들은 바람으로 구슬릴 수 있다. 말은 행위의 증거가 되어야 하고 그 다음에야 나름의 가치를 찾을 수 있다.

167

자신을 도울 줄 알아야 한다. 커다란 위험 속에서 대담한 마음보다 더 나은 동반자는 없다. 마음이 허약해지면 다른 부분들이 그것을 도와주어야 한다. 자신을 도울 줄 아는 사람은 수고를 덜 수 있다. 운명에 무기를 내밀어서는 안 되는데 왜냐하면 그 경우에 운명은 건잡을 수 없는 것이 되기 때문이다. 많은 사람들은 번거로운 일에서 자신을 별로 돕지 못하고 그것들을 짊어지지 않기 때문에 번거로움을 배가시킨다. 이미 자신을 알고 있는 사람은 숙고를 통해 약점을 극복하고 현명한 사람은 모든 것, 심지어 천체도 패배하게 만든다.

168

바보스러운 괴물이 되지 말라. 모든 우쭐대는 사람, 불손한 사람, 완고한 사람, 변덕스러운 사람, 자기 의견만 고집하는 사람, 괴짜, 걸핏하면 얼굴을 찡그리는 사람, 익살꾼, 수다쟁이, 역설주의자, 종파주의자 그리고 모든 종류의 괴팍한 사람들은 모두 그와 같은 사람들이다. 정신의 모든 기형은 육체의 기형보다 추한데 왜냐하면 정신의 기형아는 더 높은 종류의 아름다움과 멀리 떨어져 있기 때문이다. 스스로 주의하지 않으면 더 이상 통제가 불가능하고, 남의 조소를 골똘히 생각하지도 못하며 공허한 박수갈채를 받은 후에 거만해진다.

169

백 번 맞히는 것보다는 전혀 실수하지 않도록 주의하라. 아무도 빛나는 태양을 똑바로 바라보지 못하지만 어두워진 태양을 바라보는 것은 쉽다. 세상의 평범한 비판자들은 당신의 실패를 당신에게 모두 전가할 것이다. 선한 사람들의 명성이 높아지는 것보다 나쁜 험담이 사람들의 오명을 더 멀리 옮긴다. 사람의 모든 기발한 업적을 합해도 유일한 작은 결점을 소멸하는 데 충분하지 않다. 그러므로 누구나 실수로부터 돌아서야 하고, 그가 언젠가 나쁘게 만들었던 모든 것이 악의적인 사람들에 의해 지적될 것이지만 그가 좋게 만든 것은 어떤 것도 인식되지 않는다는 것을 알아야 한다.

170

매사에 늘 무엇인가를 비상용으로 준비해 두어라. 사람들은 그것을 통해 자신의 중요성을 보장한다. 모든 능력과 힘을 즉시 그리고 모든 기회에 사용해서는 안 된다. 지식에 있어서도 후위대가 있어야 하고 그것을 통해 자신의 완벽성이 배가된다. 나쁜 결말 앞에서 위험에 처했을 때 도피할 수 있는 무엇인가를 항상 갖고 있어야 한다. 구원은 공격보다 더 많은 것을 수행하는데 왜냐하면 가치와 명성을 강조하기 때문이다. 현명한 사람은 늘 확실하게 착수하고 여기서 '현명한 절반이 전체보다 많다.'라는 독특한 역설이 증명된다.

171

호의를 낭비하지 말라. 커다란 후원자들은 커다란 기회를 위해서 존재한다. 커다란 신뢰를 사소한 일들에 요구해서는 안 되는데 왜냐하면 그것은 호의를 낭비하는 것을 의미하기 때문이다. 신성한 닻은 늘 극단적인 위험에 대비하기 위해 보관되어 있어야 한다. 사소한 목표를 위해 커다란 것을 남용한다면 나중에 무엇이 남아 있겠는가? 오늘날 호의보다 더 소중한 것은 없다. 호의는 세계를 건설하기도 하고 파괴하기도 한다. 심지어 정신적으로도 호의를 주고받을 수 있다. 본성과 영예는 지혜로운 사람들에게 향하지만 보통 행운은 그들을 시기한다. 재산보다 권력자들의 호의를 얻는 것이 더 중요하다.

172

잃을 것이 없는 사람과 관계하지 말라. 왜냐하면 그것을 통해 불공평한 싸움을 하기 때문이다. 어떤 사람은 걱정 없이 등장하는데 왜냐하면 그는 심지어 수치를 잃어버렸고 모든 것을 마무리했으며 더 이상 잃을 것이 없기 때문이다. 그래서 그는 모든 부적합한 일에 전념한다. 의무와 명예감을 갖고 있는 사람은 예절을 유지하는데 왜냐하면 그는 잃어버릴 것이 많기 때문이다. 그는 자신의 명성과 다른 사람의 명성을 고려한다. 그는 신중하게 관여하고 일이 잘 안 풀렸을 때 조심스럽게 후퇴해 자신의 명성을 안전하게 할 여지를 마련할 정도로 신중하게 착수한다. 왜냐하면 불행해져 잃어버린 것은 행복해지더라도 다시 얻지 못할 것이기 때문이다.

173

교제를 하는 데 있어 소홀하지 말고 우정을 유지하는 데 있어 더욱더 소홀하지 말라. 어떤 사람들은 지나치게 쉽게 인연을 끊어서 내적인 확고함이 부족하다는 것을 보여 준다. 그들은 자기 자신을 이른바 모욕으로 채우고 다른 사람들을 불쾌감으로 채운다. 가장 하찮은 사소함이 그들을 모욕한다. 그들과 교제하는 사람은 매우 신중하게 처리해야 하고 늘 그들의 기분을 고려해야 하며 심지어 그들의 얼굴을 관찰해야 하는데 왜냐하면 최소한의 불쾌함도 그들에게는 성가심을 야기하기 때문이다. 이것은 대개 매우 별난 사람들, 기분 때문에 모든 것을 던져 버릴 수 있는 기분의 노예들 그리고 거만한 명예의 우상 숭배자들이다. 반면에 사랑하는 사람의 심성은 금강석처럼 단단하다. 그래서 연인은 반쪽의 금강석이라고 부를 수 있다.

174

조급하게 살지 말라. 일을 분배할 줄 안다는 것은 그것을 즐길 줄 안다는 것을 의미한다. 많은 사람들은 자신들의 삶을 끝내는 것보다 먼저 자신들의 행운을 끝낸다. 그들은 즐거운 시기를 즐기지 못하고 행복이 사그라진 후 나중에 그 시절로 되돌아가고 싶어 한다. 그들은 삶의 실패자이며 급속한 시간의 흐름에 휩쓸려 버린다. 그들은 전 생애 동안 거의 소화할 수 없을 것을 하루에 삼켜 버리고 싶어 한다. 그들은 항상 삶의 기쁨을 지나치게 누려서 다가오는 세월을 달려가서 갉아먹는다. 결국 그들이 지나치게 성급하기 때문에 모든 것이 빨리 끝나 버리는 것이다. 우리는 기쁨보다 더 많은 날들을 체험해야 한다.

천천히 누리고 신속히 움직여라.

175

중요한 사람이 되어라. 중요한 사람은 중요하지 않은 사람들에게 만족하지 않는다. 비참한 것은 내면적인 장점이 토대를 이루지 않은 외적인 명성이다. 완전한 사람들인 것처럼 보이는 모든 사람들이 완전한 사람은 아니다. 오히려 많은 사람들은 상대방을 기만한다. 그들은 환상을 품어 기만을 낳는다. 그리고 결국 그들의 망상은 확고하고 강력한 토대가 없기 때문에 나쁘게 끝난다. 타인을 기만하기 위해서는 또 다른 많은 사람들이 필요한데 왜냐하면 건물 전체가 환상이고 또 공중에 건설되었으므로 차후에는 필연적으로 추락하기 때문이다. 잘못 설치된 것들은 결코 오래 지속되지 않는다.

176

통찰력을 가진 사람에게 귀를 기울여라. 자신의 것이든 누군가에게 빌렸든 이해력 없이는 살아갈 수 없다. 많은 사람들은 자신들이 아무것도 알지 못한다는 것을 모르고 어떤 사람들은 알고 있다고 믿지만 그들 또한 아무것도 모른다. 두뇌의 결함은 치유할 수 없고 무지한 사람들은 스스로에 대해 모르기 때문에 자신에게 결여되어 있는 것을 찾지 않는다. 스스로 현명하다고 믿지 않으면 현명해질 것이다. 지혜라는 미덕이 드물지만 지혜로운 사람들은 바쁘지 않게 살아가는데, 왜냐하면 아무도 그들에게 충고를 구하지 않기 때문이다. 불행한 결말과 맞닥뜨리지 않도록 이성을 갖고 숙고하라.

177

사람들과 지나칠 만큼 친밀하게 교제하지 말라. 자신에게도 다른 사람에게도 친밀한 기반을 허용해서는 안 된다. 친밀한 기반에 근거하는 사람은 자신의 완벽성이 부여한 우월성을 즉시 상실하고 그 결과로 존경도 상실한다. 별들은 우리와 멀리 떨어져 있기 때문에 그 찬란함을 유지한다. 신적인 것은 경외감을 요구한다. 모든 상냥함은 경멸에 이르는 길을 열어 준다. 친밀한 기반에 근거하는 것은 아무에게도 바람직하지 않은데 고상한 사람들에게는 위험하기 때문에 바람직하지 않고 미천한 사람들에게는 서투르기 때문에 바람직하지 않다. 평범한 사람들에게는 그들이 어리석어서 무모하기 때문에, 그리고 그들에게 표시하는 호의에 대해 오해했기 때문에, 또 그러한 호의를 의무라고 생각하기 때문에 친밀한 기반에 근거하는 것은 가장 바람직하지 않다. 커다란 상냥함은 평범함과 유사하다.

178

특히 마음이 확신할 때 자신의 마음을 믿어라. 그 다음에 마음에 귀를 기울여라. 왜냐하면 마음은 종종 가장 중요한 것을 예언하기 때문이다. 그것은 지혜의 경구다. 어떤 사람들은 늘 두려워했던 것 때문에 죽었다. 많은 사람들이 타고난 천성으로 인해 아주 참된 마음을 갖고 있는데, 마음은 사고를 예방하도록 사고가 위협하면 언제나 경고하고 경보를 울린다. 악을 기다리는 것은 그것을 극복하기 위한 경우를 제외하면 지혜를 입증하지 않는다.

179

침묵은 유능한 두뇌의 봉인이다. 근거가 깊은 곳에서는 비밀도 아주 깊이 놓여 있다. 왜냐하면 거기에는 중요한 것들이 침잠하는 넓은 공간과 동굴이 있기 때문이다. 침묵은 강한 자기 지배에서 나오고 자신을 극복하는 것은 진정한 승리다. 자신을 발견하면 발견할수록 유익하다. 이성이 건강하려면 내면의 온건한 정서를 키워야 한다. 침묵은 위험에 맞서 싸워야 한다. 그 위험은 다른 사람들의 여러 가지 시도들, 즉 그들을 오도할 의도로 항변하는 것이나 무엇인가를 추적하기 위한 험담이다. 그 모든 것에서 주의 깊은 사람은 평소보다 내향적인 사람이 된다.

180

적이 해야 할 것을 결코 지향하지 말라. 어리석은 사람은 현명한 사람이 적절하다고 간주하는 것을 결코 하지 않을 것인데 왜냐하면 그는 적절한 것을 발견하지 못하기 때문이다. 반면에 그가 조금 현명하다면 남이 앞서 한 것을 남들이 먼저 했다는 바로 그 사실 때문에 수행하지 않을 것이다. 사태를 두 가지 관점에서 철저히 생각해야 하고 그것들을 두 가지 측면에서 세심하게 관찰해야 하며 이중의 결말을 위해 준비해야 한다. 사람마다 판단이 다를 수 있다. 우유부단한 사람은 일어날 것에 대해서 뿐만 아니라 일어날 수 있는 것에 대해서도 염두에 두고 계속 주의해야 한다.

181

거짓말을 하지 않아야 하지만 모든 진실을 말하지는 말라. 진실보다 신중함을 더 많이 요구하는 것은 없다. 진실은 마음의 손실이다. 진실을 말하는 것은 진실을 숨길 줄 아는 것만큼 어렵다. 사람들은 하나의 거짓말을 통해 완벽한 명성을 상실한다. 기만은 범죄로 간주되고 사기꾼은 그릇된 것으로 간주되는데 그것은 더 나쁘다. 모든 진실을 말할 수는 없는데 어떤 사람들은 자기 자신 때문에, 또 어떤 사람들은 다른 사람들 때문에 모든 진실을 말할 수는 없다.

182

매사에 약간의 대담성은 필요하다. 남들을 두려워하지 않기 위해 그들을 좀 낮춰보아야 한다. 상상력이 마음을 사로잡아서는 안 된다. 많은 사람들을 한 명씩 개인적으로 알게 될 때까지는 매우 위대해 보인다. 그러나 그 다음에 이루어지는 그들의 교제는 가치 평가를 하는 데 이용되기보다는 속임수를 파괴하는 데 이용된다. 아무도 인간성의 좁은 한계를 넘어서지 못한다. 모든 사람은 때로는 머리에, 때로는 마음에 결함을 갖고 있다. 그러나 상상력은 항상 앞서 가고 사태를 실제보다 훨씬 더 훌륭하게 그린다. 상상력은 단순히 존재하는 것뿐만 아니라 존재할 수 있는 것도 상상한다. 수많은 속임수를 겪어 가며 이성을 되찾은 사람은 자신의 고삐 풀린 상상력을 질책해야 한다.

183

아무것도 지나치게 확신하지 말라. 모든 어리석은 사람은 선불리 확신한다. 그리고 확신하는 모든 사람은 어리석다. 판단이 틀리면 틀릴수록 더욱더 고집이 세진다. 아주 옳은 일조차도 양보하는 것이 낫다. 왜냐하면 사람들은 우리의 이유를 알고 있고 우리의 공손함을 알고 있기 때문이다. 승리를 통해 얻을 수 있는 것보다 완강한 주장을 통해 잃는 것이 더 크다. 대단히 납득시키기 어려운 완강한 사람들이 있다. 확신에 변덕스러운 고집이 추가되면 그것은 불가피하게 바보스러움과 결합한다. 완고함은 이성이 아니라 의지에 속한다.

184

의례적인 사람이 되지 말라. 그렇지만 모든 국가들은 그러한 특성을 갖고 있다. 바보스러움이라는 옷은 그러한 것들로 짜여 있는 것이다. 그러한 부류의 사람들은 명예라는 대상을 우상숭배 하는데 왜냐하면 그들은 모든 것이 명예를 손상할까 봐 두려워하기 때문이다. 존경심을 고수하는 것은 좋은 일이다. 그러나 위대한 사회자로 간주되지 말라. 주저하지 않는 사람이 탁월한 덕을 필요로 한다는 것은 사실이다. 정중함을 과시해서도 안 되고 경멸해서도 안 된다. 사소한 일에서 유별나게 구는 것은 위대성을 입증하지 않는다.

185

자신의 명성을 시험 당하게 두지 말라. 왜냐하면 그것에 실패하면 그 피해는 메울 수 없기 때문이다. 한번쯤, 특히 처음에는 실패할 수 있다. 시간과 기회를 손에 쥐는 것이 항상 유리하지는 않다. 따라서 자신의 두 번째 시도를 첫 번째 시도와 결합해 더 확실하게 행하라. 그러면 성공하든 실패하든 간에 첫 번째 시도는 명예 회복이 될 것이다. 항상 개선에 호소해야 하고 여러 가지 것을 증거로 내세울 수 있어야 한다. 사태는 아주 여러 가지 우연들에 의존한다. 따라서 곧바로 다행스러운 결말이 나오는 일은 드물다.

186

아직 명성이 높다고 할지라도 잘못 자체를 인정하라. 완벽한 사람은 악습이 금과 비단으로 싸여 있다 할지라도 그것을 오인해서는 안 된다. 악습은 때때로 황금 왕관을 쓸 것이지만 본질은 매우 사악한 것이다. 노예 제도는 군주를 통해 미화되겠지만 여전히 비열하다. 악습은 오래 지속될 수 있지만 지고한 것은 아니다. 많은 사람들은 위대한 사람이 이런저런 실수와 연관된다는 것을 알지만 그가 그 실수 때문에 위대한 사람이 아니라는 것을 알지 못한다. 비교적 신분이 높은 법정의 사람들도 아첨꾼들에 의해 때때로 허세를 부릴 정도다. 하지만 아첨꾼들은 위대한 사람들이 그와 같은 것에 눈을 감으면 미천한 사람들이 그것을 혐오한다는 것을 파악하지 못했다.

187

스스로 호의를 얻고 불만을 떠넘겨라. 전자를 통해 사랑을 얻고 후자를 통해 악의를 피한다. 좋은 것을 베푸는 것은 좋은 것을 받는 것보다 더 많은 향유, 즉 아량이라는 행운을 위대한 사람에게 준다. 동정이나 보복을 통해 스스로 다시 고통을 감내하지 않고는 쉽게 다른 사람에게 고통을 야기하지 않을 것이다. 사람들은 상부에서 대가나 벌을 받는 일을 통해서만 활동할 수 있을 것이다. 그 경우에 있어 선을 직접적으로 베풀고 악은 간접적으로 베풀어라. 증오와 비방의 불만스러운 타격이 부딪치는 누군가를 앞세워라. 왜냐하면 천민의 분노는 개의 그것과 같기 때문이다. 그들은 자신들이 가진 고뇌의 원인을 오인하면서 금방 사그라질 분노를 표출하다가 그만둔다.

188

좋은 소식을 전하라. 그것은 취향이 다른 어떤 곳에서 탁월한 것을 알게 되었고 따라서 여기서도 그것을 평가할 줄 안다는 것을 예고함으로써 우리의 취향에 대한 좋은 견해를 전파시킨다. 왜냐하면 이전에 좋은 것을 알아본 자는 나중에도 이를 알아볼 것이기 때문이다. 더욱이 좋은 소식은 즐기고 모방할 소재를 제공하고 칭찬할 만한 지식을 촉진시킨다. 그렇게 아주 세련되게 현재의 완벽한 일에 예의를 표시한다. 그런데 어떤 사람들은 그것을 반대로 한다. 즉 그들은 자신들의 이야기에 항상 비난을 섞고 그 자리에 없는 사람을 깎아내려 참석자들에게 아첨하려고 한다. 그것은 얼마나 교묘하게 다른 사람에 대해 나쁘게 이야기하는지 인식하지 못하는 피상적인 사람들에게 통한다. 많은 사람들은 오늘의 평범함을 어제의 탁월성보다 더 높이 평가하는 술책을 갖고 있다. 주의 깊은 사람은 이 모든 술책을 통찰해야 하고 다른 사람의 과장된 이야기를 통해 낙담해서도 안 되고 다른 사람의 아첨을 통해 교만해서도 안 된다.

189

남에게 부족한 것을 이용하라. 왜냐하면 그 결함이 소망과 직결되었을 때 가장 효과적인 고문 도구가 되기 때문이다. 철학자들은 결핍이나 박탈이 아무것도 아니라고 말했다. 그러나 정치가들은 결핍이 전부라고 생각했다. 정치가들은 그것을 가장 잘 이해했다. 많은 사람들은 다른 사람들의 소망을 그들의 목적을 달성하기 위한 단계로 만들 줄 안다. 그들은 기회를 이용하고 획득이 어렵다고 상상함으로써 철학자들의 식욕을 자극한다. 그들은 미온적인 소유보다 동경의 열정에 대해 더 많이 약속한다. 목적을 달성하기 위해 다른 사람들을 예속할 줄 안다는 것은 아주 훌륭한 일이다.

190

매사에 위로를 구하라. 심지어 무의미하게 살아가는 사람들도 그들이 죽지 않는 것에서 위로를 구할지도 모른다. 위로가 없이는 고통도 없다. 어리석은 사람들에게 그들이 운이 좋다는 말을 해주는 것은 위로다. 사실 오래 살기 위한 좋은 수단은 쓸모없는 사람이 되는 것이다. 거친 그릇은 늘 결코 완전히 깨지지 않고 수명이 길어 역겨움을 불러일으킨다. 가장 중요한 사람들에 대해 운명은 시기를 품는 것 같은데 왜냐하면 운명은 가장 무의미하게 살아가는 사람들에게 가장 긴 수명을 부여하고 가장 중요한 사람들에게 가장 짧은 수명을 부여하기 때문이다. 모든 중요한 사람들은 머지않아 최후를 맞이한다. 그러나 아무에게도 도움이 되지 않는 사람은 때로는 그것이 우리에게 그렇게 여겨지기 때문에, 때로는 실제로 그렇기 때문에 영원히 산다. 불행한 사람에게 행복과 죽음은 그를 잊자고 공모한 것처럼 보인다.

191

몹시 정중한 태도에 만족하지 말라. 왜냐하면 정중함은 일종의 기만이기 때문이다. 어떤 사람들이 아첨하며 그 앞에서 모자를 벗는 것만으로도 우쭐한 바보들은 매료된다. 명예의 표시는 그들의 주화이고 그들은 미사여구로 관심을 지불한다. 모든 것을 약속하는 사람은 아무것도 지키지 않는다. 그러니 약속은 바보들에게 함정이다. 진정한 정중함은 의무이고 과시된 정중함, 특히 사용되지 않는 정중함은 기만이다. 정중함은 예절의 문제가 아니라 다른 사람들을 예속하는 수단이다. 그들의 절은 인격이 아니라 비위 맞추는 데 관련되고 그들의 아첨은 탁월성의 인식이 아니라 이익의 소망에 관련된다.

192

온유하게 살면 오래 산다. 살기 위해서는 살게 해야 한다. 온유한 사람들은 단지 살아가기만 하는 것이 아니다. 그들은 지배한다. 듣고 보고 침묵하라. 다툼이 없는 날은 밤에 조용한 휴식을 약속한다. 오래 사는 것과 즐겁게 사는 것은 자신뿐만 아니라 다른 사람들을 위해 사는 것을 의미하며 아름다운 화합의 산물이다. 하찮은 일에 신경을 쓰지 않는 사람은 모든 것을 가진 것이다. 모든 것을 자신의 마음에 두는 것보다 더 큰 불합리는 없다. 가장 어리석은 짓은 우리와 관련도 없는 일에 마음을 쓰고 우리 자신에게 중요한 것을 보살피려고 하지 않는 것이다.

193

자신의 문제를 갖고 후퇴하기 위해 남의 문제를 갖고 등장하는 사람을 조심하라. 간계에 대항하는 최선의 보호벽은 주의다. 많은 사람들이 자신들의 문제를 떠넘기고 진짜 의도를 숨긴 채 한 걸음마다 커다란 손실을 타인을 향해 굴리며 남의 이점을 가져가는 상황을 만들 것이다.

194

자신과 자신의 일에 대해 이성적으로 파악하라. 특히 경력의 시작에서 그렇다. 누구나 자신에 대해 자부심을 갖고 있지만 결국 주관적인 의견일 뿐이다. 누구나 자신의 행복을 꿈꾸고 자신을 기적이라고 생각한다. 속절 없는 희망은 나중에 경험이 전혀 이행하지 못하는 가장 과도한 약속을 한다. 그와 같은 공허한 상상은 언젠가 진정한 현실이 속임수를 파괴하면 고통의 원인이 된다. 현명한 사람은 그러한 혼돈을 기다려야 한다. 그는 어쨌든 최선을 바랄지 모르지만 다가올 것을 태연하게 받아들이기 위해 늘 최악을 염두에 두어야 한다. 사격이 올바르게 이루어질 수 있도록 무엇인가를 높이 겨냥하는 것은 능숙한 일이지만 경력의 시작을 완전히 놓칠 정도로 높이 설정해서는 안 된다. 그러한 개념의 시정은 꼭 필요하다. 왜냐하면 경험 이전의 기대는 대개 지나치게 제멋대로이기 때문이다. 모든 어리석음에 대한 최고의 만병통치약은 통찰력이다. 누구나 자신의 활동과 신분의 영역을 인식해야 하는데 그러면 자신의 개념들을 현실에 맞춰 정정할 것이다.

195

평가할 줄 알라. 어떤 것에서 다른 사람들의 교사가 될 수 없는 사람은 없다. 또한 다른 사람들을 능가하는 모든 사람은 누군가에 의해 뒤로 밀릴 것이다. 모든 것을 이용할 줄 아는 것은 유용한 지식이다. 지혜로운 사람은 모든 사람들을 평가하는데 왜냐하면 그는 모든 것에서 좋은 것을 인식하고 얼마나 많은 것이 어떤 것에 속하는지 알고 있기 때문이다. 어리석은 사람은 모든 사람들을 경멸하는데 왜냐하면 그는 좋은 것을 인식하지 못하고 더 나쁜 것을 선택하기 때문이다.

196

자기 자신을 위한 행운의 별을 알라. 누구나 그 별을 갖고 있고 불행한 사람은 자신의 별을 모르기 때문이다. 어떤 사람들은 방법과 이유를 알지 못한 채 군주와 권력자들이 명성을 누리도록 돕는다. 어떤 사람들은 지혜로운 사람들의 호의를 받는다. 많은 사람들은 어떤 국가에서 다른 국가에서보다 더 좋게 받아들여졌고 이 도시에서 저 도시에서보다 더 잘 보였다. 마찬가지로 사람들은 종종 어떤 직위나 신분을 통해 다른 것에서보다 더 많은 행운을 갖고 있다. 그리고 이 모든 것은 그의 공로와 그 불변성에 기인한다. 운명은 원하는 대로 그리고 원할 때 카드를 섞는다. 누구나 자신의 재능과 자신을 위한 행운의 별을 알아야 한다. 왜냐하면 그가 행운을 잡는지, 아니면 경솔하고 부주의한 행동으로 운을 상실하는지는 그것에 달려 있기 때문이다. 그는 자신의 별을 따르고 그것을 도울 줄 알아야 하며 그것을 바꾸는 것을 조심해야 하는데 왜냐하면 그것은 마치 가까운 작은곰자리가 가리키는 북극성을 놓치는 것과 같기 때문이다.

197

어리석다고 생각하는 사람들과 관계하지 말라. 바보들을 알지 못하는 사람은 바보이고 그들을 알면서 자신에게서 저지하지 못하는 사람은 더욱더 바보다. 피상적인 교제에서 바보들은 위험하고 친밀한 교제에서는 구제불능이다. 그리고 그들의 얼마 안 되는신중함과 타인의 세심함이 그들을 제한할지라도 그들은 마침내 어리석음을 범하거나 어리석게 말하고 만다. 명성이 없는 사람은 타인의 명성을 지지하기 어려울 것이다. 그들은 매우 불행한데 이것은 바보스러움에 따르는 고뇌다. 단지 한 가지만이 그들에게 그렇게 나쁘지 않은데 그것은 그들에게 현명한 사람들이 도움이 되지 않지만, 그들 자신은 때로는 인식을 위해 때로는 훈련을 위해 지혜로운 사람들에게 많은 도움이 된다는 사실이다.

198

비상시에 방향을 전환할 줄 알라. 어떤 민족들은 더 나은 지위를 얻기 위해서 이주해야 한다. 이것은 특히 고위직과 관련해 그렇다. 재능이 뛰어난 사람에게 그의 조국은 애정이 없다. 왜냐하면 그 재능이 싹튼 토양인 조국에는 질투가 팽배하기 때문이다. 그리고 사람들은 누군가 도달한 위대성보다 그가 시작한 불완전성을 기억한다. 바늘은 한 세계에서 다른 세계를 여행한 후에 가치가 평가될 수 있었고 유리는 다른 나라로 보내졌기 때문에 금강석을 경멸당하게 할 수 있었다. 모든 낯선 것은 때로는 그것이 멀리서 오기 때문에, 때로는 그것이 아주 좋게 완성되어 완벽성을 획득했기 때문에 존중된다. 예전에는 땅끝에서조차 경멸되었지만 지금은 세상의 중심에서 그들의 동포들과 이방인들에게 높이 평가되는 사람들이 있다.

199

집요한 사람이 아니라 현명한 사람으로서 자리를 마련할 줄 알라. 높은 명성에 이르는 진정한 길은 공로이고 진정한 가치가 근면의 토대가 되면 그는 지름길을 통해 명성에 이른다. 단순한 완전성은 충분하지 않고 단순한 노력과 행동은 가치가 없는데 왜냐하면 그로 인해 명성에 흙탕물이 튀기 때문이다. 문제는 공로를 세우는 것과 자신을 소개할 줄 아는 것 사이에서 중도를 찾는 것이다.

200

아쉬운 것을 남겨 두어라. 단지 행복 때문에 불행해지지 않기 위해서 말이다. 육체는 숨을 쉬려고 하고 정신은 추구하려고 한다. 모든 것을 소유한 사람은 모든 것에 대해 실망하고 불만스러워할 것이다. 심지어 이성 관계에서도 호기심을 유혹하고 희망을 북돋우는 비밀이 남아 있어야 한다. 운이 지나치게 좋은 것은 치명적이다. 결코 완전히 만족하지 않는 것은 하나의 기교다. 아무것도 더 이상 소망되지 않으면 모든 것이 두려워진다. 이 얼마나 불행한 행운인가! 소망이 멈추는 곳에서 두려움이 시작된다.

201

바보처럼 보이는 사람들은 모두 바보들이고 바보처럼 보이지 않는 사람들의 절반은 바보들이다. 바보스러움이 사라질 때에는 정상적인 세계가 멈춘 후일 것이다. 그리고 만약 약간의 지혜가 남아 있다면 그것은 천국의 지혜 앞에서의 바보스러움일 것이다. 자신이 바보가 아니라고 믿고 다른 사람들을 바보라고 선언하는 사람은 가장 커다란 바보다. 지혜로워지기 위해서 지혜롭게 보이려고 하는 것은 충분하지 않다. 그리고 세상이 바보들로 가득 차 있지만 그들 중에서 자신 스스로 바보라고 생각하고 두려워할 사람은 없다.

202

말과 행동은 완벽한 사람을 만든다. 탁월한 것을 말해야 하고 명예로운 것을 행해야 한다. 하나는 완벽한 두뇌를 보여 주고 다른 하나는 완벽한 마음을 보여 준다. 양자는 숭고한 영혼에서 생긴다. 말은 행위의 그림자다. 말은 여성적이고 행위는 남성적이다. 말을 하는 것은 쉽고 행하는 것은 어렵다. 행위는 삶의 실체이고 말은 삶의 장식이다. 행위에서 가장 탁월한 것은 영원히 지속되고 말에서 가장 탁월한 것은 덧없다. 행위는 생각의 산물이다. 생각이 지혜로웠다면 행위는 성공적이다.

203

시대의 크나큰 위대함을 알라. 대단히 위대한 것은 많지 않을 것이다. 전 세계의 불사조, 위대한 사령관, 완벽한 연설가, 모든 세기의 현자, 수 세기의 위대한 왕 등이 있다. 수적인 측면에서 뿐만 아니라 가치 평가의 측면에서도 평범한 것은 매우 흔하다. 반면에 대단히 위대한 것은 모든 면에서 드문데 왜냐하면 그것은 완전한 완벽성을 요구하기 때문이다. 많은 사람들은 카이사르와 알렉산더 대왕에 필적하는 위대한 사람의 별명을 취했지만 헛된 일이다. 왜냐하면 행위 없는 말은 단순한 숨결이기 때문이다.

204

쉬운 일을 마치 어려운 것처럼, 어려운 일을 마치 쉬운 것처럼 시도하라. 자신감이 자만이 되지 않도록 전자처럼 시도하고 소심함이 우리를 망설이게 하지 않도록 후자처럼 시도하라. 어떤 일이 행해지지 않도록 그것이 이미 행해진 것처럼 간주해야 하는 일도 필요하다. 근면과 노력은 불가능한 것을 가능하게 한다. 어려움을 주시해서 우리의 추진력이 마비되지 않도록 미리 방지하는 것이 필요하다.

205

경멸을 다룰 줄 알라. 무언가를 얻기 위해서는 그 대상을 경멸해야 하는 것이다. 보통 일을 찾으면 그것을 소유하지 못하고 그것에 대해 유의하지 않으면 그 일은 저절로 우리의 수중으로 들어온다. 이 세상의 모든 것들이 영원한 것들의 그림자이기 때문에 그것들은 그림자와 그러한 성질, 즉 따르는 사람을 피하고 그것들로부터 피하는 사람을 따른다는 사실을 공유한다. 게다가 경멸은 가장 현명한 복수다. 펜으로 자신을 방어하는 것은 지혜로운 사람들의 확고한 원칙인데 왜냐하면 그러한 방어는 흔적을 남기고 무모한 징계보다 적대자의 찬양에 이르기 때문이다. 유명해지기 위해 위대한 사람들의 적이 되는 것은 자격이 없는 사람들의 수법이다. 비방을 완화하는 기술은 그것을 그저 무시하는 것이다. 비방에 맞서 싸우는 것은 불이익을 가져다주고 그렇게 우리의 명성이 축소되는 것은 적에게는 기분 좋은 일이다.

206

도처에 천민이 존재한다는 것을 알아야 한다. 심지어 최고의 가족 안에서도 존재한다. 누구나 자신의 집에서 그런 경험을 한다. 그러나 이제 천민과 더 나쁜 반천민이 있다. 그는 어리석게 말하고 거꾸로 비난하고 무지의 커다란 학생이며 바보스러운 후견인이고 험담의 동료다. 그가 말하는 것에 주목하지 말고 그가 생각하는 것에는 더욱더 주목하지 말라. 그 사람에게서 해방되기 위해서는 그를 아는 것이 중요한데 왜냐하면 모든 어리석음은 비천하고 천민은 바보들로 이루어지기 때문이다.

207

절제하라. 열정의 증상은 지혜의 빙판길이고 여기에 파멸로 추락할 위험이 있다. 많은 태연한 순간들보다 분노나 환희의 순간에 사람들은 더 멀리 떠밀린다. 때로는 한 순간의 일이 평생 치욕이 될 수 있다. 어떤 이들은 종종 고의적으로 우리의 이성을 흔들고, 가장 우월한 사람을 극단으로 몰 수 있는 비밀의 고문 도구를 이용한다. 절제는 특히 위험한 경우에 반대 술책에 이용된다. 열정이라기보다는 아주 신중한 정신이 요구되며 거기에 머무는 사람은 대단히 현명해야 한다. 위험을 파악한 사람은 신중하게 자신의 길을 간다.

208

바보의 병으로 죽지 말라. 대개 지혜로운 사람들은 그들이 이성을 상실한 후에 죽는다. 반면에 바보들은 여기저기서 받은 좋은 조언으로 머리가 가득 차 있다. 바보처럼 죽는 것은 지나치게 많은 생각으로 죽는 것을 의미한다. 어떤 사람들은 그들이 생각하고 느끼기 때문에 죽는다. 어떤 사람들은 그들이 생각하고 느끼지 않기 때문에 산다. 후자는 그들이 고통으로 죽지 않기 때문에 바보이고 전자는 그들이 고통으로 죽기 때문에 바보다. 바보는 지나치게 많은 이해력으로 죽는 사람이다. 어떤 사람들은 그들이 분별력이 있기 때문에 죽고 어떤 사람들은 그들이 분별력이 없기 때문에 산다.

209

바보짓들을 예방하라. 이것은 진실로 지혜로운 일이다. 어리석은 일들은 널리 퍼져 있어 그 세력이 크다. 개인적으로 어리석음을 피할 수 있는 사람도 일반 대중으로서의 어리석음을 피할 수는 없다. 운명이 최선이라면 아무도 그것에 만족하지 않고, 이성이 최악이라면 그것에 불만스러워하지 않고, 게다가 자신의 행운에 불만스러운 모든 사람들이 타인의 행운을 부러워한다. 또한 오늘의 사람들이 어제의 것을 칭찬하며 여기의 사람들이 저기의 것들을 칭찬하는 것과 같은 평범한 편견들이 드러난다. 지나간 모든 것은 더 나아 보이고 멀리 떨어진 모든 것은 더 높이 평가된다. 모든 것을 비웃는 사람은 모든 것을 슬퍼하는 사람과 마찬가지로 커다란 바보다.

210

진실을 다룰 줄 알라. 진실은 위험한 것이다. 하지만 올바른 사람은 그것을 말하는 것을 멈추지 않을 것이다. 여기서 기술이 필요하다. 능숙한 영혼의 의사들은 진실을 달콤하게 만드는 방법을 생각했다. 왜냐하면 진실이 속임수를 파괴하면 진실은 쓰라림의 정수가 되기 때문이다. 좋은 방식은 기교를 사용하는 것이다. 그것은 동일한 진실을 갖고 어떤 사람에게는 아첨할 수 있고 어떤 사람은 던져 버릴 수 있다. 현재 사람들의 문제를 오래 전 과거 사람들의 문제 속에서 다루어라. 이해할 줄 아는 사람에게는 눈짓으로도 충분하다. 그러나 아무것도 충분하지 않다면 말문이 막히는 경우가 발생한다. 쓴 약으로 군주를 치료해서는 안 된다. 하지만 쓴 약을 먹은 군주의 실망을 잠재우는 것도 하나의 기술이다.

211

천국에서는 모든 것이 기쁨이고 지옥에서는 모든 것이 고통이다. 우리는 두 개의 극단 사이에 있고 따라서 양자에 관여한다. 운명은 변한다. 모든 것은 행운이 되지 않고 모든 것은 불행이 되지도 않는다. 이 세상은 영혼과 같다. 그 자체만으로 세상은 아무런 가치가 없지만 천국과 결합되면 가치가 크다. 세상의 변화 속에서 태연함을 유지하는 것은 현명한 일이다. 새로움은 현명한 사람들의 문제가 아니기 때문이다. 우리의 삶은 연극처럼 진행되고 마침내 발전한다. 따라서 좋은 결말을 염두에 두어라.

212

기술의 정수를 늘 내주지 말라. 위대한 대가들의 지혜를 사용하는 격언의 내용은, 항상 우월해야 하고 대가가 되어야 한다는 것이다. 기술을 갖고 기술을 전달해야 하고 가르침이라는 샘이 결코 고갈되어서는 안 되며 수여의 샘 또한 고갈되어서는 안 된다. 그것을 통해 자신의 명성과 타인의 의존을 얻을 것이다. 호의와 가르침에서 저 커다란 규정, 즉 감탄하고 온순하게 유지하고 완벽성을 점점 더 멀리 퍼뜨리는 것을 관찰해야 한다. 만사에 있어서 삼가는 태도는 삶과 승리를 위한 커다란 삶의 규칙이고 높은 자리에 있는 사람들은 늘 삼가야 한다.

213

반박할 줄 알라. 이것은 자신이 아니라 다른 사람들을 혼란스럽게 만들기 위한 커다란 술책이다. 가장 효과적인 고문 도구는 흥분을 자아내는 도구다. 따라서 비밀을 토해 낼 수 있게 하는 것은 비밀을 믿는 데 있어서 의심쩍어 하는 태도다. 그것은 가장 내향적인 가슴에 대한 열쇠이고 동시에 매우 섬세하게 의지와 이성을 연구한다. 다른 사람이 던진 비밀스러운 말을 교활하게 경멸하는 것은 가장 은밀한 비밀을 추적하고 그것이 상대방의 입 밖으로 튀어나오도록 한다. 주의하는 사람의 자제는 다른 사람의 자제가 주의를 소홀히 하도록 만드는 것이다. 위장된 의심은 호기심이 요구하는 것을 끄집어내기 위해 사용할 수 있는 가장 강력한 곁쇠다. 심지어 배움에 있어서도 교사에게 반박하는 것은 학생의 좋은 술책인데 교사는 좀 더 커다란 열성에 매료되어 진실의 근거를 여는 데 더 깊이 관여한다. 그래서 온건한 반박은 완전한 가르침을 이끌어낸다.

214

어리석은 짓을 악화하지 말라. 하나의 타격을 개선하기 위해 네 개의 다른 타격을 범하거나, 무례함을 더 큰 무례함을 통해 보상하려고 하는 일이 빈번히 발생한다. 바보짓과 거짓은 각자의 계보에 속하는데 왜냐하면 양자는 각각 그것들을 유지하기 위해 많은 다른 사람들을 필요로 한다는 사실을 공유하기 때문이다. 모든 불완전성에 많은 다른 불완전성이 추가되는 것은 불완전성의 유산이 상속되기 때문이다.

215

숨은 의도를 가지고 접근하는 사람을 주의하라. 타인의 의지를 공격하기 위해 그것을 약화시키는 것은 협상가들의 술책이다. 그들은 진정한 의도에 도달하기 위해 자신의 의도를 감추고, 의도를 실행할 때 그것을 맨 앞에 놓을 수 있도록 일단은 맨 뒤에 놓는다. 타격은 그것이 인식되지 않으면 성공한다. 따라서 주의는 잠을 자서는 안 되는데 왜냐하면 고의성은 크게 깨어 있기 때문이다. 주의 깊은 사람은 그렇게 두 개의 의도를 가진 사람이 사용하는 기술들을 알아차려야 하고 상대방이 자신의 참된 의도에 도달하기 위해 제시하는 구실들을 보아야 한다. 그는 하나를 제안하고 하나를 가지려고 한다. 그러다 갑자기 교묘하게 방향을 틀어서 바로 자신의 진짜 의지를 관철하려고 한다. 그 때문에 사람들이 그에게 무엇을 양보하는지를 알아야 한다. 그리고 때때로 그의 의도를 안다는 사실을 그에게 암시하는 것은 적절할 것이다.

216

표현의 기술을 지녀라. 표현의 기술은 발표의 명료성뿐만 아니라 또한 생생함에 있다. 어떤 사람들은 생각은 잘 품었으나 밖으로 꺼낼 때 어려움을 겪는데 왜냐하면 명료성 없이는 정신의 아이들, 즉 생각과 결정이 태어날 수 없기 때문이다. 어떤 사람들은 이해력이 뛰어나지만 표현을 어려워하고 또 어떤 사람들은 심지어 자신들이 생각한 것보다 더 많은 것을 표현한다. 결단을 내릴 수 있는 의지와 이성적인 발표를 할 수 있는 재능, 이것은 두 가지의 위대한 장점이다. 명쾌하고 명료하게 말하는 탁월한 사람들은 박수갈채를 받는다. 모호한 사람들은 아무도 그들을 이해하지 못하기 때문에 가끔 존경을 받는다. 평범해지지 않기 위해 모호한 것은 때때로 적절하다. 다만 말하는 것을 파악할 수 없는 사람의 말을 듣는 사람이 그것을 어떻게 이해한단 말인가?

217

영원히 사랑하지도 말고 미워하지도 말라. 오늘의 친구들을 신뢰할 때 마치 그들이 내일의 적이, 그것도 가장 나쁜 적이 될 수 있다는 것을 염두에 두어라. 이런 일이 현실 속에서 일어나기 때문에 미래의 설계에서도 대비해야 한다. 우호 관계를 떠나는 사람들의 손에 그들이 나중에 가장 처참한 전쟁을 수행할 무기를 쥐어 주지 말라. 반면에 적들을 향해 지속적으로 화해의 문이 열려 있어야 하고 고결한 마음의 문이 가장 안전한 문으로서 열려 있어야 한다. 많은 사람들에게 이미 그들의 복수는 고통이 되었고 가해진 악한 타격에 대한 기쁨은 슬픔으로 뒤바뀌었다.

218

고집이 아니라 통찰력으로 행동하라. 모든 고집은 정신의 손실이고 일을 올바르게 수행한 적이 없는 열정의 소산이다. 모든 일을 사소한 전쟁이 되게 만드는 사람들이 있는데 그들은 교제의 진정한 도적들이다. 수행하는 모든 일에서 승리해야만 하는 강박증을 가진 그들은 평화적인 절차를 모른다. 그들이 명령하고 지배하는 위치에 있으면 구제불능인데 왜냐하면 그들은 통치를 파벌로 만들고 자신과 가까운 사람들을 적으로 만들기 때문이다. 그들은 음모를 통해 모든 것을 준비하려고 하고 그렇게 결과를 얻으려고 한다. 다른 사람들은 그들의 진짜 의지를 인식했을 때에만 그들의 헛된 계획을 저지할 줄 안다. 음모자들은 교활한 성격과 흉악한 마음을 갖고 있다. 그러한 종류의 괴물에 대해서는 신경 쓰지 않거나 혹은 도피하는 것 이외에는 할 것이 없다.

219

오늘날 그러한 사람 없이 살 수는 없지만, 그래도 사기꾼으로 간주되지 말라. 사람은 신중하다고 여겨져야 하고 교활하다고 여겨져서는 안 된다. 정직함이 소박함으로 변해서는 안 되고 지혜가 간계로 변해서는 안 된다. 교활함 때문에 두려움의 대상이 되기보다는 오히려 지혜로운 사람으로 존경을 받아야 한다. 솔직한 사람들은 사랑받지만 기만당한다. 가장 커다란 기술은 기만이라고 생각되는 것을 덮는 데 있어야 한다. 황금시대에는 곧은 마음을 가진 사람들이 많았지만 이 치열한 시대에는 간계를 부리는 자들의 놀음이 다반사다. 해야 하는 것을 알고 있는 사람이라는 명성은 명예로운 호칭이며 신뢰를 얻게 한다. 그러나 위장된 사람의 명성은 위험하며 불신을 일으킨다.

220

힘과 권력을 보유한 자는 교활해야 한다. 계획을 관철하는 사람은 결코 자신의 명성을 잃지 않을 것이다. 힘으로 가능하지 않은 곳에서는 능숙한 수완으로 일의 해결이 가능하다. 이것은 하나의 방법으로 혹은 다른 방법으로 이루어질 수 있어야 한다. 수완은 힘보다 더 많은 것을 관철했다. 용감한 사람들이 현명한 사람들을 이긴 것보다는 현명한 사람들이 용감한 사람들을 더 자주 이겼다.

221

스스로 혼란에 빠지지 말고 다른 사람들을 혼란에 빠뜨리지 말라. 자신에게나 다른 사람들의 품위를 손상시키는, 늘 무례한 사람들이 있다. 사람들은 쉽게 그들과 만났다가 불쾌하게 헤어진다. 그들은 하루에도 수백 가지의 성가신 일들을 만들어 낸다. 그들의 기분은 불편하고 따라서 그들은 모든 사람들에게 개별적으로 반박한다. 그들은 이성을 거꾸로 입었고 그 때문에 모든 것을 저주한다. 타인의 지혜를 가장 크게 유혹하는 사람은 아무것도 좋게 만들지 않고 모든 것에 대해 나쁘게 이야기하는 사람들이다. 여기저기 넓은 영역에는 무례한 괴물들이 매우 많다.

222

자제는 지혜의 가장 확실한 증거다. 혀는 야수와 같다. 일단 혀가 찢어지면 그것을 꿰매는 것은 어렵다. 혀는 지혜로운 사람들이 영혼의 성질을 인식하는 영혼의 맥박이다. 이 맥박에서 주의 깊은 사람은 마음의 모든 움직임을 느낀다. 가장 나쁜 것은 가장 많이 절제해야 하는 사람이 가장 덜 절제한다는 사실이다. 지혜로운 사람은 성가신 일과 어려움을 감수하고 자신에 대한 지배력을 보여 준다. 그는 신중하게 자신의 길을 간다.

223

허세 때문이든 부주의 때문이든 아주 특별한 것 자체를 갖지 말라. 많은 사람들은 미친 태도와 더불어 눈에 띄는 기이함을 갖고 있다. 그와 같은 것들은 다름의 문제가 아니라 틀린 것이다. 그리고 어떤 사람들이 특별히 추한 얼굴 때문에 알려져 있듯이 그들은 외적인 행동의 상스러움을 통해 알려져 있다. 그와 같은 기이함은 때로는 조소를, 때로는 역겨움을 야기한다.

224

기회를 이용하고 결코 운명에 반항하지 말라. 모든 사람들은 장점과 약점을 갖고 있고 가장 좋은 것조차도 칼날 위에 자리한 것처럼 위험한 데 있는 경우도 많다. 반면에 가장 적대적인 칼은 그 손잡이를 잡으면 보호하는 무기가 된다. 사람들은 장점보다 단점을 보고 슬퍼하는 경우가 많다. 세상에는 유리한 것과 불리한 것이 있다. 그 중에서 유리한 것을 골라내는 것이 바로 수완이다. 어떤 일도 여러 시각에서 이리저리 보면 아주 다르게 보인다. 그러므로 일을 유리한 시각에서 관찰해야 하며 좋은 것과 나쁜 것을 혼동해서는 안 된다. 어떤 사람들은 모든 것에서 만족을 얻고 어떤 사람들은 모든 것에서 비애를 느낀다. 그러한 관찰은 운명에 대한 커다란 보호 장치이고 모든 시대와 신분을 위한 중요한 삶의 규칙이다.

225

자신의 주요한 결점을 알라. 가장 뛰어난 장점을 자신 안에 간직하지 않는 사람은 살아가지 못한다. 이를 피하기 위한 첫 번째 조치는 자신의 가장 큰 결점을 분명하게 알아야 하는 것이다. 왜냐하면 일단 인식되면 그 실수, 특히 스스로의 결점을 깨닫는 사람은 분명히 실수를 파악할 경우 곧 극복할 수 있기 때문이다. 자신을 지배하기 위해서는 스스로에 대해 철저하게 알아야 한다. 가장 중요한 실수를 다룰 줄 안다면 다른 작은 실수들을 바로잡을 수 있을 것이다.

226

정중함을 표시하는 데 늘 주의하라. 대부분의 사람들은 실제 그들의 모습대로 이야기하지 않고 그들의 사회적인 위치에 맞도록 꾸며서 이야기한다. 나쁜 일은 쉽게 사람들의 관심을 끌어당긴다. 우리가 알고 있는 최선의 것은 대부분 다른 사람들의 견해에 의존한 것이다. 어떤 사람들은 자신들이 올바른 가치관 위에 서 있는 것에 만족하지만 그것은 충분하지 않다. 무엇이든 노력을 통해 행해야 한다. 누군가에게 의무를 지우는 것은 종종 비용이 덜 들고 효과가 크다. 말로 대가를 치르고 행위를 얻는다. 세상이라는 이 커다란 집은 적어도 일 년에 한 번 정도는 필요한 도구가 되는 사람들로 채워져 있다. 그렇게 봤을 때 가치 없는 인간은 없다. 누구나 자신의 성향에 따라 어떤 대상에 대해 이야기하지만 지혜로운 정중함이 필요하다.

227

첫인상에 혹하지 말라. 어떤 사람들은 자신들의 귀에 들어오는 첫 번째 정보만 철석같이 믿어 뒤따르는 모든 정보들을 무시하는 경향이 있다. 그러나 거짓말이 언제나 앞서 가기 때문에 진실은 묻혀 버리기 십상이다. 첫 번째 대상이 우리의 의지를 사로잡아서도 안 되고 첫 번째 보고가 우리의 이성을 사로잡아서도 안 된다. 왜냐하면 그것은 선부른 태도이기 때문이다. 그러한 태도가 알려지면 그것은 구제불능이다. 악의적인 고의성이 활동할 여지가 남기 때문이다. 많은 사람들은 좋든 나쁘든 간에 첫 번째 액체의 냄새를 간직하는 보관통과 같다. 나쁜 생각을 가진 사람들은 쉽게 믿는 사람들을 그들의 색깔로 채우기 위해 서두른다. 그러므로 누구든지 항상 두 번은 생각해야 한다. 알렉산더 대왕은 늘 다른 당파에 대해 주의를 기울이고 보고를 듣곤 했다. 두 번째와 세 번째 보고에 대해서도 여지가 남아 있어야 한다. 첫인상을 쉽게 받아들이는 것은 자신의 부족한 판단 능력과 섣부른 열정을 드러내는 것과 같다.

228

모략가가 되지 말라. 또한 그런 사람으로 간주되는 것은 더더욱 안 된다. 왜냐하면 그것은 자신이 명성의 파괴자라는 명성을 갖고 있는 것을 의미하기 때문이다. 타인의 희생을 밟고 올라서는 능력이 있어서는 안 되는데 그것은 저주에 가까운 일이다. 모든 사람들은 그런 사람에 대해 나쁘게 이야기함으로써 그에게 복수한다. 머릿수에서 상대가 되지 않는 그가 궁지에 몰리는 것은 한순간이다. 나쁜 것은 결코 우리의 기쁨이 되어서는 안 되며 따라서 우리의 주제가 되어서는 안 된다. 모략가는 영원히 증오의 대상이 된다. 나쁜 것을 이야기하는 사람은 항상 더 나쁜 것을 들어야 할 것이다.

229

자신의 삶을 사려 깊게 나눌 줄 알라. 여관이 없으면 여행이 피곤하듯이 삶도 휴식이 없으면 피곤할 뿐이다. 다양한 지식은 삶을 풍요롭게 한다. 아름다운 인생의 첫 시작은 죽은 자들과의 여흥, 즉 독서로 보내라. 우리는 우리 자신을 인식하기 위해 살아간다. 그러므로 진정한 책들은 우리를 인간으로 만든다. 인생의 두 번째 여로는 살아 있는 사람들과 보내라. 그리고 이 세상에서 좋은 것을 모두 보고 느껴라. (한 나라에서 모든 것을 발견할 수는 없다.) 조물주는 그의 선물을 분배했고 때때로 추한 사람들에게 가장 풍성한 축복을 주었다. 인생의 세 번째 여행은 완전히 자기 자신 속에서 보내라. 최후의 행복은 철학하는 것이다.

230

때때로 눈을 떠라. 보는 사람들이 모두 눈을 뜨고 있는 것은 아니다. 어떤 사람들은 인간이 되기 전에 자신들의 정신적 터전을 파멸시킨다. 그래서 더 이상 아무것도 볼 것이 없을 때 비로소 사태를 제대로 보기 시작한다. 의지가 없는 사람에게 이성을 가르치는 일은 어렵고 이성이 없는 사람에게 의지를 가르치는 것은 더 어렵다. 그들을 둘러싸고 있는 사람들은 그들을 조롱하면서 마치 장님과 노는 것처럼 그들과 어울린다. 그들은 귀가 먹은 것처럼 눈도 멀었거나 혹은 눈이 있어도 뜨지 않는다. 눈 없는 주인을 태운 불행한 말이여! 그 말은 절대 살찌지 못할 것이다.

231

자신의 일이 미완성일 때 결코 남에게 보이지 말라. 모든 일은 그 완성 속에서 향유되고자 한다. 모든 시작은 기형이고 나중에 이 기형은 상상력 속에 남아 있다. 무엇인가를 불완전한 상태에서 보았다는 기억은 그것이 완성되었을 때에도 그 진가를 진정하게 누릴 수 없게 만든다. 커다란 대상을 향유하는 것은 개별적인 부분에 아쉬운 면이 있어도 일단 판단을 유보하게 만든다. 그 때문에 모든 위대한 대가는 작품들을 시작 단계에서 공개하는 것을 방지해야 한다. 완성이 될 때까지는 창작물들을 보여 주지 않아야 한다는 교훈을 받아들여야 한다.

232

상인다운 면모를 지녀라. 사실 매우 지혜로운 사람들은 대개 속이기 쉽다. 비범한 사람들이긴 하지만 그들은 삶의 일상적인 과정을 처리하는 데 미숙하다. 숭고한 것들을 고찰하느라 일상적인 행동을 고찰하고 학습할 시간이 없는 것이다. 그들은 모든 사람들에게 정확히 알려진 사실을 모르기 때문에 군중들의 평가에서 굴욕을 당한다. 따라서 현명한 사람이 기만당하거나 조소를 사지 않기 위해서 살아가기에 충분할 정도로 상인의 면모를 지니도록 배려해야 한다. 그는 물론 삶에서 최고는 아니지만 가장 필요한 일을 할 수 있는 사람이 되어야 한다. 지식이 실용적이지 않으면 무슨 소용이 있는가? 그리고 살아갈 줄 안다는 것은 오늘날 진정한 지식이다.

233

남의 취향을 놓치지 말라. 어떤 사람들은 정중함을 표시하려다 도리어 불쾌감을 야기하는데 왜냐하면 그들은 다양한 성향을 파악하지 못하기 때문이다. 세상의 많은 것들이 어떤 사람들에게는 아첨이고 어떤 사람들에게는 모욕이다. 종종 누군가를 만족시키는 일보다 불쾌하게 하는 경우가 더 많을 때도 있다. 그러면 남의 호감을 받더라도 감사와 그 표현방법을 잃어버린다. 다른 사람들의 감각을 모르는 사람은 그것을 충족하지 못할 것이다. 또 어떤 사람들은 자신들이 웅변을 통해 사람들을 즐겁게 만든다고 믿고 수다를 통해 정신을 고문한다.

234

자신의 명예를 결코 누군가의 수중에 넘기지 말라. 어떤 일을 할 때 양측의 이익이 침묵에 있고 발설하면 손실을 입는다는 사실을 알려야 한다. 명예와 관련 있는 곳에서 거래는 늘 완전히 공유해야 하고 그래서 모두 다른 사람의 명예를 위해, 그리고 자기 자신의 명예를 위해 서로 배려해야 한다. 명예를 다른 사람에게 결코 위임해서는 안 된다. 하지만 일단 그런 일이 일어나면 실제로 지혜가 시험대에 오르지 않도록 배려해야 한다. 여기에 관여한 사람이 증인이 되지 않도록 위험은 함께해야 하고 추락은 공유해야 한다.

235

부탁할 줄 알라. 어떤 사람들에게는 그처럼 어려운 일이 없지만 어떤 사람들에게는 그처럼 쉬운 일이 없다. 왜냐하면 아무것도 거절할 수 없는 사람들이 있기 때문이다. 그런 사람들에게는 두 번째 시도가 필요하지 않다. 늘 첫마디가 부정적인 사람들이 있다. 그러한 사람들에게는 능숙한 수완이 필요하지만 또한 적절한 시기를 알아야 한다. 사람들의 기분이 좋을 때 마음을 사로잡아야 한다. 기쁜 날들은 호의적인 날들인데 왜냐하면 사람의 내면에서 그 기쁨이 외부로 흘러가기 때문이다. 어떤 사람이 거부당하는 것을 보면 그때 접근해서는 안 된다. 왜냐하면 부정에 대한 두려움을 이미 벗어던졌기 때문이다. 슬픈 사건들 이후에는 좋은 기회가 없다. 다른 사람에게 미리 의무를 지우는 것은 흔한 일이 아니다.

236

먼저 은혜를 베풀어라. 이것은 매우 현명한 사람들의 능숙한 수완이다. 공로를 세우기 전에 표시된 호의는 호의를 보인 사람이 당신에게 특별히 잘 보일 의무가 없는 사람이라는 사실을 증명한다. 그렇게 미리 표시된 호의는 커다란 장점이 있다. 빨리 호의를 베풀면 받는 사람은 더욱 고마움을 느껴 나중에 더욱 공적을 쌓을 것이다. 그것은 의무를 바꾸는 매우 섬세한 방법이다. 즉 호의를 보답하도록 요구하는 것을, 감사할 의무가 있는 사람의 의무로 변화하도록 만드는 것이다. 하지만 그것은 기본적인 예의와 의무감을 갖고 있는 사람들만 이해할 수 있다. 왜냐하면 비천한 사람들에게 미리 수여된 연금은 박차를 가하는 데 쓰이기보다는 재갈이 될 것이기 때문이다.

237

신분이 더 높은 사람들의 비밀을 알려고 하지 말라. 사람들은 그들과 버찌를 먹을 수 있다고 믿지만 다만 돌을 얻을 수 있을 뿐이다. 그들과 가까이 지냈다는 것이 알려지면 많은 사람들의 반감을 사게 된다. 군주의 입장에서 보자면 비밀을 말하는 것은 당신에 대한 호의가 아니라 마음의 충동이다. 아무도 우리에게 의무의 굴레를 씌워서는 안 되고 권력자에게 의무를 지워서는 안 된다. 또 우리가 그에게 표시하는 호의를 통해 의무를 지워서도 안 된다. 친절하게 위임된 비밀은 특히 위험하다. 다른 사람에게 비밀을 알리는 사람은 자신을 노예로 만들게 된다. 비밀이 새어나가는 것은 군주에게 일종의 모욕이다. 그는 자신의 잃어버린 자유를 찾으려 할 것이고 그것을 달성하기 위해 모든 것, 심지어 법과 이성까지 발로 짓밟을 것이다. 그러므로 비밀을 들어서도 안 되고 말해서도 안 된다.

238

우리에게 어떤 성품이 부족한지 알라. 많은 사람들은 그들에게 무엇인가 결여되지 않는다면 완전한 사람들이 될 것이다. 그들은 그것이 없으면 완벽한 절정에 도달할 수 없다. 많은 사람들은 사소한 일에서 단점이 개선되었다면 아주 훌륭해졌을 것이다. 예를 들면 그들에게는 진지함이 결여되어 있는데 그것은 커다란 능력이 퇴색하도록 만들 수 있다. 어떤 사람들에게는 친절한 본성이 없는데 특히 그들이 직위에 있는 사람일 경우 가장 가까운 사람들이 견디기 힘들 것이다. 또 어떤 사람들은 추진력이 결여되어 있고 어떤 사람들은 절제가 부족하다. 이 모든 해악은 그것들을 스스로 알아차린다면 쉽게 시정될 수 있을 것이다. 왜냐하면 세심함은 습관을 제2의 천성으로 만들 수 있기 때문이다.

239

지나치게 총명함을 드러내지 말라. 오히려 더 중요한 것에서 현명함을 드러내라. 요구된 것보다 더 많이 아는 사람은 지나치게 훌륭한 것과 같고 그와 같은 훌륭함은 곧 중단되곤 한다. 확실한 진리는 더 많은 확실성을 부여한다. 이성을 갖고 있는 것은 좋지만 수다쟁이가 되는 것은 좋지 않다. 광범위한 논의는 이미 논쟁과 유사하다. 어떤 사태가 초래하는 것 이상으로 그 영향을 상상하지 않는 착실한 사람이 더 낫다.

240

어리석음을 이용할 줄 알라. 가장 위대한 현자는 때때로 어리석음을 카드로 쓴다. 종종 최선의 앎은 모르는 척하는 것이다. 무지해서는 안 되지만 무지한 것을 과시할 줄도 알아야 한다. 어리석은 사람들에게는 지혜롭고 바보들에게는 분별이 있는 태도는 별로 도움이 되지 않을 것이다. 그러므로 모든 사람에게 자신의 언어로 이야기하라. 어리석음을 과시하는 사람이 어리석은 것이 아니라 어리석음으로 괴로워하는 사람이 어리석다. 어리석게 보이는 게 아니라 진정으로 어리석은 행위가 진짜 어리석은 일이다. 왜냐하면 이미 너무 지나치게 수완을 부렸기 때문이다. 인기를 얻는 유일한 수단은, 옷을 입을 때 동물 중에서 가장 값싼 동물의 피부를 몸에 걸치는 것이다.

241

조롱을 허용하되 행하지 말라. 조롱을 허용하는 것은 일종의 정중함이다. 하지만 조롱을 행하는 것은 혼란을 유발할 수 있다. 짜증이 나도록 만드는 사람은 잔인한 성품을 갖고 있고 더 많은 잔인함을 보여 준다. 대담한 조롱은 유쾌하다. 그것을 참을 수 있는 것은 두뇌가 명석하다는 것을 증명한다. 그것에 대해 과민한 반응을 보이는 사람은 다른 사람과 마찬가지로 과민해진다. 그러므로 최선은 조롱을 받아들이지 않는 것이고 가장 안전한 것은 그것에 전혀 주목하지 않는 것이다. 가장 진지한 거래는 늘 농담에서 생겼다. 따라서 더 많은 주의와 수완을 요구하는 것은 없다. 농담을 시작하기 전에 그 사람의 성향이 어느 선까지 그것을 허용할 것인지 알아야 한다.

242

유리한 성공을 계속 이어 가라. 어떤 사람들은 모든 힘을 처음에 사용하고 결국 아무것도 완수하지 못한다. 그들은 아이디어를 내지만 수행하지 못한다. 그것은 정신적 의지박약이다. 또한 그들은 추구하지 않기 때문이 아니라 모든 것을 정체하기 때문에 영예를 얻지 못한다. 물론 그것은 어떤 사람들에게 있어서는 초조함에 기인하는데 초조함은 스페인 사람들의 결함인 반면에 인내는 벨기에 사람들의 장점이다. 벨기에 사람들은 일을 끝내고 일은 스페인 사람들을 끝낸다. 어려움이 극복될 때까지 그들은 모든 땀을 거기에 쏟아붓지만 그 다음에 자신들의 승리에 만족하고 그것을 끝까지 유지할 줄 모른다. 그들은 자신들이 일할 수 있지만 일을 원하지 않는다는 것을 증명한다. 그것은 무능하거나 경솔하기 때문이다. 시도가 좋으면 왜 그것이 완수되지 않는가? 시도가 좋으면 왜 그것이 시작되지 않았는가? 현명한 사람은 자신의 무기력함이라는 야수를 죽인다. 그것을 추적했다는 것에 만족해서는 안 된다.

243

지나치게 온순한 성격을 갖지 말라. 오히려 뱀처럼 교활하고 비둘기처럼 거짓이 없어야 한다. 정직한 사람을 속이는 것보다 쉬운 것은 없다. 결코 거짓말을 하지 않는 사람은 다른 사람을 잘 믿고 결코 속이지 않는 사람은 남들을 잘 신뢰한다. 기만당하는 것은 어리석음에 기인하지 않고 오히려 때때로 선의에 기인한다. 두 가지 부류의 사람들은 손실을 잘 방지할 줄 안다. 노련한 사람들은 자신들의 희생으로 손실을 아주 잘 방지하고 영리한 사람들은 타인들의 희생으로 손실을 아주 잘 방지한다. 누구도 지나친 정직함을 지녀서는 안 된다. 괴물로서가 아니라 오히려 기적으로서 비둘기와 뱀을 자신 안에 합일해야 한다.

244

요구할 줄 알라. 많은 사람들은 자신의 의무를 다른 사람의 의무로 만들고 남에게서 받은 은혜를 마치 자기가 베푼 은혜처럼 보이게 한다. 그들은 자신들의 이익을 다른 사람을 위해 명예가 되게 하고 다른 사람을 통해 선사받음으로써 마치 그들이 봉사를 한 것처럼 보이도록 노련하게 사태를 주도한다. 그들은 교활하게 태도를 바꿔 적어도 누가 다른 사람에게 호의를 표시하는지 의심스럽게 한다. 그들은 단순한 칭찬을 위해 가장 훌륭하고 아름다운 것을 사고, 그들이 어떤 일에서 표시하는 호의를 흡족한 명예가 되게 한다. 그렇게 그들은 정중함에 의무를 부과하고 그들이 매우 감사해야 하는 것을 의무가 되게 한다. 그런 식으로 그들은 정중함의 수동성을 능동성으로 변화시킨다. 이 점에 있어서 그들은 문법 학자보다 더 나은 정치가다. 그것은 훌륭한 수완이다. 그러나 더 훌륭한 수완은 사태를 이해하고 그러한 어리석은 거래를 그만두고 그들에게 맞는 영예를 돌려주는 것이다.

245

일상적인 것에서 벗어나 독창적인 생각을 표명하는 것은 우월한 정신의 표시다. 우리는 결코 우리에게 반박하지 않는 사람을 높이 평가해서는 안 된다. 왜냐하면 그것을 통해 그는 우리에 대한 사랑을 보여 주지 않고 오히려 자신에 대한 사랑을 보여 주기 때문이다. 아첨에 속아서는 안 되고 그것에 대해 대가를 치러야 하며 오히려 아첨을 버려야 한다. 또한 어떤 사람들, 특히 모든 탁월한 것에 대해 나쁘게 이야기하는 사람들에게 비난당하는 것은 자신의 명예가 높아지는 것을 뜻한다. 반면에 우리의 일들이 모든 사람들의 마음에 들면 우리를 슬프게

할 것인데 왜냐하면 그것은 그 일들이 아무런 쓸모가 없다는 표시이기 때문이다.

246

변명을 요구하지 않은 사람에게 결코 변명하지 말라. 그리고 변명이 요구된다 할지라도 필요 이상으로 행하는 것은 일종의 위반 행위다. 그것에 대한 동기가 알려지기 전에 사과하는 것은 자신을 고소하는 것을 의미한다. 완전히 건강한 상태에서 자신의 피를 뽑는 것은 악이나 악의에 신호를 보내는 것을 의미한다. 또한 현명한 사람은 타인의 의혹을 알아차리는 것처럼 보여서는 안 되는데 왜냐하면 그것은 모욕을 찾아내는 것을 의미할 것이기 때문이다. 오히려 행위의 정직성을 통해 의혹을 반박해야 한다.

247

좀 더 많이 알고 좀 덜 살라. 사람들은 그것을 거꾸로 이야기한다. 좋은 여가는 일보다 낫다. 시간 이외에 우리에게 속하는 것은 없고 시간 속에서는 집이 없는 사람조차도 살아간다. 소중한 삶을 기계적인 일이나 과도하고 숭고한 활동으로 보내는 것은 불행하다. 자신을 사업이나 시기로 소진시키지 말라. 그렇지 않으면 삶이 추락하게 되고 정신을 질식하게 만든다. 어떤 사람들은 이것을 지식에까지 확대하려고 한다. 그러나 아무것도 모르는 사람은 살지 못한다.

248

최후의 사람이 반드시 옳은 것이 아니다. 그들의 부적당함이 극단으로 흐르는 최종 보고를 담당하는 사람들이 있다. 그들의 사고와 의욕은 유연하다. 최후의 사람은 어떤 일에 완성 도장을 찍고 이전에 쌓인 장점들을 무시한다. 그것들은 결코 얻을 수 없는데 왜냐하면 사람들은 그것들을 쉽게 잃어버리기 때문이다. 누구나 그들을 자기 나름대로 판단한다. 그들은 측근들에게 적합하지 않고 평생 어린아이와 다름없다. 생각과 의욕의 그러한 변화 사이에 이리저리 던져진 채 그들은 늘 의지와 이성 사이에서 비틀거리고 한쪽에서 다른 쪽으로 흔들린다.

249

종결해야 할 것으로 자신의 삶을 시작하지 말라. 많은 사람들은 처음에 휴식을 취하고 마지막을 위해 일을 남겨 둔다. 우선 본질적인 것이 오고 나중에 여지가 있으면 부수적인 것이 와야 한다. 어떤 사람들은 싸우기도 전에 승리하려고 한다. 또 어떤 사람들은 덜 중요한 것을 배우기 시작하고 삶의 최후를 위해 명예와 이득에 관련된 공부를 연기한다. 어떤 사람들은 아직 행운을 잡으려는 시도조차 시작하지 않았는데 이미 머리에서는 현기증이 나는 상태다. 모든 일에 대한 방법은 앎과 삶에 있어 필수불가결하다.

250

언제 어떤 일을 정반대의 측면에서 고찰해야 하는가? 영리한 술책이 필요할 때다. 어떤 사람들에게 있어서 모든 것은 반대로 이해되어야 한다. 그들의 긍정은 부정이고 부정은 긍정이다. 그들이 어떤 일에 대해 불리하게 이야기하면 이것은 그들이 그 일을 높이 평가한다는 것을 의미한다. 왜냐하면 그것을 차지하고자 하는 사람은 다른 사람 앞에서는 그것을 과소평가하기 때문이다. 칭찬하는 모든 사람이 좋게 이야기하는 것은 아닌데 왜냐하면 많은 사람들은 좋은 사람들을 칭찬하지 않기 위해 나쁜 사람들도 칭찬할 것이기 때문이다. 그러나 누구에게도 나쁘지 않은 사람은 누구에게도 좋지 않다.

251

마치 신적인 수단이 없는 것처럼 인간의 수단을 사용하고 마치 인간의 수단이 없는 것처럼 신적인 수단을 사용하라. 이것은 논평이 필요 없는 위대한 규칙이다.

252

완전히 자신에게 속하지도 말고 완전히 다른 사람에게 속하지도 말라. 왜냐하면 양자는 비열한 폭정이기 때문이다. 스스로를 소유하고자 하는 태도에서 곧 모든 것들을 갖고자 하는 마음이 생긴다. 그러한 사람들은 어떤 일에서도 굴복하려고 하지 않고 자신들의 편안함을 조금도 희생하려고 하지 않는다. 그들은 정중하지 않고 행복을 신뢰하는데 그 행복의 기반은 그들 속에서 와해되곤 한다. 때때로 다른 사람들이 우리에게 속한 것처럼 우리도 그들에게 속해야 한다. 반대로 완전히 다른 사람들에게 속하는 사람들도 있다. 왜냐하면 어리석음은 늘 과장되는데 여기서는 불행하게 과장되기 때문이다. 그러한 사람들은 자신을 위한 시간이 없고 이미 모든 사람들의 종이라고 불릴 정도로 다른 사람들에게 속해 있다. 그들은 모든 사람들을 위해 알고 자신을 위한 것에 대해 무지함으로써 심지어 이성마저도 잃어버린다. 주의 깊은 사람은 누구도 그를 찾지 않고 누구나 그에게서, 혹은 그를 통해 자신의 이익을 얻으려 한다는 것을 이해해야 한다.

253

너무 분명하게 표현하지 말라. 대부분의 사람들은 자신들이 이해하는 것은 대수롭지 않게 여기고 파악할 수 없는 것을 숭배한다. 존중을 받으려면 공을 들여야 한다. 따라서 남이 이해하지 못하는 사람은 존경을 받는다. 사람은 늘 필요 이상으로 주변 사람보다 현명하고 영리하게 보여야 한다. 하지만 과장해서는 안 된다. 그래서 통찰력이 있는 사람들에게는 생각과 분별력이 중요하지만 대부분의 사람들에게는 자신을 감추는 치장이 필요하다. 많은 사람들은 칭찬하고 싶어 하지만 왜 칭찬을 하는지 질문을 받으면 근거를 대지 못한다. 그런 상황은 어떻게 만들어지는가? 그들은 깊이 숨겨진 모든 것을 신비스럽게 숭배하고 그것을 찬양하는데 왜냐하면 다른 사람들이 그것을 찬양하는 것을 듣기 때문이다.

254

악이 사소하다고 경시하지 말라. 왜냐하면 악은 결코 혼자 오지 않기 때문이다. 행복과 마찬가지로 악은 연결되어 있다. 대개 행복한 자는 더 행복해지고 불행한 자는 더 불행해진다. 모든 사람들은 불행한 사람들을 피하고 행복한 사람들에게 다가가곤 한다. 모든 것, 즉 그 자신, 생각 그리고 인도의 별은 불행한 사람을 돌보지 않는다. 불행이 잠을 자고 있으면 그것을 깨워서는 안 된다. 미끄러지는 일은 적지만 불행한 추락은 계속될 수 있고 그 추락이 결국 어디까지 이를지 모른다. 왜냐하면 어떠한 선도 모든 점에서 완벽하지 않듯이 어떠한 악도 아주 완전하지 않기 때문이다. 하늘에서 오는 천사들을 위해 우리에게 인내가 부여되고 땅에서 오는 사람들을 위해 우리에게 지혜가 부여된다.

255

선을 베풀 줄 알라. 갑자기 표시하지 말고 종종 표시해야 한다. 이행하는 것이 불가능할 정도의 커다란 의무를 다른 사람에게 부과해서는 절대로 안 된다. 너무 많은 것을 주는 사람은 주는 것이 아니라 파는 것이다. 또 남이 이를 완전히 알아주기를 바라서도 안 된다. 왜냐하면 남이 분수에 넘게 베푸는 것을 알면 그는 교제를 끊을 것이기 때문이다. 많은 사람들은 지나치게 주려다가 다 잃어버린다. 이를 받은 사람들은 부채를 갚지 않기 위해 피하고 적으로 변한다. 우상은 그를 만든 조각가를 결코 자신 앞에서 보고 싶어 하지 않는다. 그리고 마찬가지로 의무가 있는 자는 그의 은인을 좋아하지 않는다. 무엇을 줄 때 남이 갈구하되 부담이 적은 것을 주는 것이 훌륭한 수완이다.

256

모든 부류의 바보들에 대해 늘 주의하라. 사람들은 많은 사람들과 부딪치는데 그에 해당되는 지혜는 맞붙어 싸우지 않는

데 있다. 숙고라는 거울 앞에서 매일 계획적으로 무장하라. 그러면 바보스러움이 우리를 방해하는 위험을 극복할 것이다. 성숙하게 그것에 대해 숙고하라. 그러면 명성을 평범한 우연성에 노출되도록 만들지 않을 것이다. 지혜로 무장된 사람은 무례한 사람들에게 반박당하지 않을 것이다. 타인과의 교제에 있어서 우리의 길은 우리의 명성이 좌절될 수 있는 암초로 가득 차 있기 때문에 감당하기 쉽지 않은 길이다. 그러한 일에서 잘못을 위장하는 것은 아주 유익하다. 그것은 모든 것을 넘어서 우리를 도와준다. 그것이 모든 어려움에서 벗어나는 유일한 올바른 길이다.

257

결코 절교하지 말라. 왜냐하면 절교로 인해 우리의 명성도 해를 입기 때문이다. 누구나 친구로서는 중요하지 않지만 적으로서는 중요하다. 소수의 사람들은 우리에게 선을 표시하고 다른 모든 사람들은 악을 표시할 수 있다. 공공연한 적으로서의 발톱을 은밀하게 감춘 사람들은 기회를 염탐함으로써 증오의 불씨를 키운다. 타락한 친구들이 최악의 적들이 된다. 타인의 실수를 가지고 그들은 관객들의 눈 속에서 자기 자신의 실수를 은폐하려고 한다. 누구나 자기에게 보이는 대로 이야기하고 자기가 원하는 대로 본다. 이것은 처음에 주의가 부족했거나 마지막에 인내가 부족했기 때문이다. 그러나 항상 우리는 지혜가 결여되어 있기 때문에 모든 사람들은 우리에게 유죄를 선언한다. 하지만 소외를 피할 수 없으면 용서를 받아야 하고 분노를 분출하는 것이 아니라 오히려 미온적인 우호 관계를 유지해야 한다. 여기서 아름다운 후퇴에 관한 유명한 명제는 적절히 적용된다.

258

불행을 견디는 것을 도와줄 누군가를 찾으라. 그러면 위험에 처하더라도 결코 외롭지 않을 것이고 모든 증오를 떠맡지 않을 것이다. 어떤 사람들은 모든 명예를 혼자서 얻는다고 생각하다가 나중에 모든 공개적인 불만을 얻는다. 반면에 어떤 사람들은 다른 방식으로 용서를 받거나 나쁜 일을 견디는 것을 도와주는 누군가를 곁에 두고 있다. 운명도 거대한 무리도 아주 쉽게 두 가지 일을 맡지 않는다. 그 때문에 교활한 의사는 치료에 실패했을 때 관을 운반해서 나가는 것을 도와줄 사람을 찾는다. 동반자와 부담과 비애를 나누어야 하는데 왜냐하면 혼자 서 있는 사람에게 불행은 더욱더 참을 수 없는 것이기 때문이다.

259

모욕을 기다리고 그것을 공손한 말씨로 변화되도록 하라. 모욕을 방지하는 것은 모욕을 복수하는 것보다 더 교활한 것이다. 경쟁자가 될 사람을 측근으로 만들고 자신을 협박한 사람들을 명예의 보호 장치로 만드는 것은 능숙한 수완이라고 할 수 있다. 정중함을 표시할 줄 아는 것은 매우 소중하다. 왜냐하면 감사의 표시로 모욕의 자리를 채우게 하는 사람은 모욕을 퍼부을 시간을 빼앗기 때문이다. 그것은 불만을 편안함으로 변형하면서 살아갈 줄 안다는 것을 의미한다. 누군가의 악의가 당신과의 친밀한 교제로 이어지게 하라.

260

우리는 누구에게도 속하지 않을 것이고 누구도 우리에게 완전히 속하지 않을 것이다. 친척 관계도 우정도 아주 절실한 의무도 완전히 소유할 수 없다. 왜냐하면 완전히 신뢰하는 것과 호의를 보이는 것은 서로 다른 일이기 때문이다. 가장 긴밀한 유대도 그 때문에 우호 관계의 법칙을 파괴하지 않고 항상 예외를 허용한다. 친구는 항상 어떤 비밀을 남겨 두고 심지어 아들은 아버지 앞에서 자신을 숨긴다.

261

어리석은 짓을 계속하지 말라. 많은 사람들은 실패한 시도를 의무가 되게 하고 길을 잘못 들었는데도 그 길을 계속 가는 것이 의지라고 생각한다. 그들은 내적으로는 자신들의 오류를 고발하지만 외적으로는 그것을 용서한다. 이로써 그들은 일을 시작할 때는 사려가 없다고 비난당하며 일을 하면서 어리석다고 경멸을 받게 된다. 신중하지 못한 약속도 잘못된 결심도 의무를 부과하지 않는다. 어떤 사람들은 그 방식으로 그들의 첫 번째 조야한 행동을 계속하고, 집요하고 심술궂은 사람이 되려고 한다.

262

잊어버릴 줄 알아야 한다. 이것은 기술이라기보다 행운이다. 기억은 우리가 그것을 가장 필요로 할 때 우리를 떠날 뿐만 아니라 우리가 가장 원하지 않을 때 어리석게도 우리에게 다가온다. 기억은 우리를 고통스럽게 하는 일에서는 친절하지만 우리를 기쁘게 해줄 일에서는 냉담하다. 종종 고통의 유일한 치료약은 망각이다. 그러나 우리는 그 치료약마저 잊는다. 하지만 기억에 습관을 들여야 한다. 결백함에서 소박한 복을 누리는 겸허한 사람들은 여기서 제외될 수 있다.

263

많은 것들을 진귀하게 소유해서는 안 된다. 사람들은 자신의 것보다 타인의 것으로 더 잘 향유한다. 좋은 것은 첫날에는 주인을 위한 것이지만 다음 날부터는 모두 다른 사람들을 위한 것이다. 사람들은 훼손에 대한 걱정 없이 타인의 것을 두 배로 향유하고 그 다음에 새로운 매력을 향유한다. 모든 것은 결핍되었을 때 전보다 더 소망의 대상이 된다. 심지어 타인의 물도 신의 음료로 보인다. 무엇을 소유하면 빌릴 때나 빌리지 않을 때나 그에 대한 즐거움은 줄어들고 싫증은 늘어난다. 자신에게는 무익하고 남에게 유익한 것은 결국 불쾌감만 불러일으킬 뿐이다.

264

하루도 소홀히 보내지 말라. 운명은 우리를 놀리기 위해 우쭐대고 예기치 않게 우리를 잡기 위해 모든 우연을 만들 것이다. 두뇌, 지혜와 용감함, 심지어 아름다움도 늘 시험할 준비가 되어 있어야 한다. 왜냐하면 걱정이 없는 나날은 명성을 추락하게 만들 것이기 때문이다. 주의가 가장 필요할 때 그것은 매번 결여되어 있는데 주의 깊게 생각하지 않는 것은 우리의 파멸을 위한 다리 걸기와 같다. 게다가 적대적인 의도가 없을 때 완벽성을 시험하는 것은 적대적인 의도가 담긴 전쟁의 술책이 되곤 한다. 사람들은 이미 자기 앞에 수많은 나날들이 있다는 사실을 알고 있고 술책은 그 나날들을 지나가게 한다. 그러나 가치를 시험하기 위해 술책은 생각지도 못한 나날을 선택한다.

265

부하가 필연적으로 행동할 수 있도록 하라. 어떤 상황으로 인해 초래된 행위의 필연성은 많은 사람들을 갑자기 완벽함에 다다를 수 있게 만들었다. 이런 식으로 많은 사람들이 그러한 계기가 아니었더라면 소심함에 매장되어 있었을 자신의 대담성, 심지어 지식과 통찰력까지 발견했다. 위험은 유명해질 기회이고 고귀한 사람의 명예가 손상될 위험이 있는 것을 보면 그들은 수천 명의 사람들을 위해 활동하게 될 것이다.

266

순수한 호의 때문에 나쁜 사람이 되지 말라. 그런 사람은 결코 화낼 줄 모른다. 그러한 둔감한 사람들은 결코 사람들(인물)로 간주될 만하지 않다. 그것은 나태하기 때문에 생기는 것이 아니고 종종 무능하기 때문에 생긴다. 적절한 계기가 있을 때 감수성은 개성의 행위와 관련이 있다. 새들은 곧 허수아비를 비웃는다. 달콤한 것을 신 것과 바꾸는 것은 좋은 취향을 가졌음을 증명하는 것이다. 사실, 달콤하기만 한 것은 어린이들과 바보들을 위한 것이다. 순전히 호의 때문에 그러한 무감각에 빠지는 것은 매우 나쁘다.

267

부드러운 말과 친절한 부드러움. 화살은 몸을 찌르지만 나쁜 말은 마음을 찌른다. 냄새가 좋은 빵 반죽은 즐겁게 호흡을 할 수 있게 만든다. 누군가가 어떤 일에 대가를 치르도록 만드는 것은 삶의 커다란 지혜이다. 대부분의 것은 말로 지불되고 말을 통해 불가능한 것을 관철할 수 있다. 그렇게 사람들은 대기 속에서 대기와 거래하고 왕의 호흡은 용기와 힘을 불어 넣을 수 있다. 말을 달콤하게 하기 위해 늘 설탕으로 가득한 입을 갖추어라. 그 말 자체는 적들에게도 맛이 좋을 것이다. 사랑스러운 존재가 되기 위한 주요 수단은 온유함이다.

268

현명한 사람은 어리석은 사람이 마지막에 행하는 것을 곧장 행해야 한다. 두 사람이 같은 것을 한다고 가정했을 때, 그들의 차이는 시간에 있다. 한 사람은 그것을 올바른 시간에 하고 다른 한 사람은 그것을 올바르지 않은 시간에 한다. 시작할 때 이성이라는 옷을 거꾸로 입은 사람은 늘 그렇게 뒤떨어진다. 머리에 놓아야 하는 것을 발에 놓고 왼쪽 것을 오른쪽 것으로 만들며 모든 행동에서 어색함을 보인다. 자발적으로 해야 할 것을 강요당한다면 올바른 길로 가는 좋은 방법이 있다. 반면에 현명한 사람은 무엇이 일찍 혹은 늦게 일어나야 하는지를 바로 알고 그것을 기꺼이 명예롭게 수행한다.

269

자신의 새로움을 이용하라. 왜냐하면 누구든지 아직도 새로운 면모가 있는 한 높이 평가된다. 새로운 것은 변화 때문에 일반적으로 마음에 든다. 취향은 새로운 것을 통해 새로워지고 반짝반짝 새로운 평범함은 이미 익숙한 탁월한 것보다 더 높이 평가된다. 탁월한 것은 소모되고 점차 퇴색된다. 하지만 새로운 것에 대한 영광이 짧을 것이라는 것을 알아야 한다. 나흘 후에 존경심은 상실될 것이다. 그 때문에 가치 평가의 초심자들을 이용할 수 있고 박수갈채가 빨리 지나가는 상황에서 마땅히 추구할 수 있는 모든 것을 잡아야 한다. 왜냐하면 일단 새로운 흥분이 지나가면 열정이 식기 때문이다. 그러면 새로움에 대한 우대는 습관적인 것에 대한 싫증에 가려진다. 다만 모든 것이 영광의 시간을 누렸었다는 것을 알아두라.

270

많은 사람들의 마음에 들려는 생각을 버리지 말라. 세상에는 좋은 것이 존재해야 하는데 왜냐하면 그것은 많은 사람들을 만족스럽게 만들기 때문이다. 좋은 것은 설명될 수는 없지만 향유된다. 고립은 늘 저주받고 잘못되면 우스꽝스럽다. 그가 비난하는 대상을 의심하게 하는 것이 아니라 그 자신의 판단을 의심하게 하고 나쁜 취향을 가진 채 고립된다. 좋은 것을 발견할 수 없으면 무능함을 숨기고 전혀 저주하지 말라. 보통 나쁜 취향은 무지에 기인한다. 모든 사람들이 말하는 것은 어엿하게 존재하거나 존재하려고 하는 법이다.

271

잘 모르는 사람은 모든 분야에서 늘 가장 안전한 것을 고수해야 한다. 그러면 그는 섬세하지 않다고 간주되지만 철저하다고 여겨질 것이다. 반면에 어떤 일을 잘 알고 있는 사람은 거기에 관여하고 마음대로 행동할 수 있다. 별로 알지 못하지만 위험에 처하게 되는 것은 자발적으로 파멸을 선택했다는 것을 의미한다. 그렇기에 항상 올바른 길을 고수해야 한다. 왜냐하면 확실한 것은 빗나갈 수 없기 때문이다. 넓은 도로에서는 많은 사람들이 다닐 수 있다. 정통하든 그렇지 못하든 간에 모든 경우에 안전은 항상 고립보다 현명하다.

272

내가 가진 것을 정중하게 주어라. 그로써 남에게서 많은 감사를 얻을 수 있다. 그냥 예절을 표시하는 것이 아니라 그로써 남에게 감사의 의무를 지우게 된다. 정직한 사람에게는 어떤 일도 다른 사람들이 그에게 선사하는 일보다 더 소중하지 않다. 그렇게 사람들은 그에게 그것을 두 번에 걸쳐 두 개의 대가, 즉 가치의 대가와 정중함이라는 대가로 판다. 천박하게 생각하는 사람에게 고귀한 관습은 알아듣기 힘든 말인데 왜냐하면 좋은 언어를 이해하지 못하기 때문이다.

273

의도를 해명하기 위해 사람들의 기질을 파악하라. 원인이 올바르게 인식되면 우선 결과부터, 그 다음에는 동기까지 올바르게 인식된다. 우울한 사람은 늘 불행을 예견하고 악한 사람은 범죄를 예견한다. 왜냐하면 항상 그들에게 가장 나쁜 것이 제시되고 그들이 현재의 좋은 것을 의식하지 못하기 때문에 그들은 가능한 악을 미리 보여 주는 것이다. 열정적인 사람은 늘 실제에서 벗어나는 낯선 언어로 말한다. 그에게는 이성이 아니라 열정이 중요하다. 누구나 자신의 감정이나 기분에 따라 이야기하고 모든 사람들은 진실에서 아주 멀리 떨어져 있다. 얼굴을 파악하고 모습에서 영혼을 인식하는 것을 배워라. 늘 웃는 사람에게서 바보를 알아보아야 하고 결코 웃지 않는 사람에게서 그릇된 사람됨을 알아보아야 한다. 질문을 하는 사람을 주의해야 하는데 왜냐하면 그는 경솔한 사람이거나 첩자이기 때문이다. 기형적인 사람들에게서 별로 좋은 것을 기대하지 말라. 왜냐하면 그러한 사람들은 자연에 복수하기 때문이고 자연이 그들에게 명예를 표시하지 않았으니 그들의 명예는 명예가 아니다. 인간의 어리석음은 늘 그 자신의 아름다움만큼이나 크다.

274

매력을 지녀라. 매력은 현명한 정중함의 마술이다. 유쾌한 성격이라는 자석을 실제적인 이익보다 애정을 끌어모으는 데 사용하고 그 외 모든 것에도 사용하라. 공로는 본래 박수갈채를 보내는 호의에 의해 뒷받침되지 않으면 충분하지 않다. 타인들을 지배하는 데 있어 가장 효과적인 도구, 즉 활기는 행운의 문제이지만 그것은 연습을 통해 촉진될 수 있다. 왜냐하면 탁월한 소질이 있는 곳에서 인위적인 것은 뿌리를 더 잘 내리기 때문이다. 인위적인 것을 통해 환심을 사고 점차 호의를 얻게 된다.

275

예절이 허락하는 한 많은 일에 참여하라. 스스로를 항상 중요한 사람으로 만들되 성가시게 하지는 말라. 이것은 고귀한 관습에 속한다. 호감을 얻기 위해 약간의 품위를 포기할 수 있다. 대부분의 사람들이 감수하는 것을 때때로 무례하지 않게 감수해야 한다. 왜냐하면 사람들은 바보로 간주되는 사람에게 남모르는 분별이 있을 거라고 여기지 않을 것이기 때문이다. 즐거운 날에는 명예로운 모든 날에 얻은 것보다 더 많은 것을 잃어버릴 수 있다. 그렇지만 항상 자신을 사람들과 따로 떼어 놓아서는 안 된다. 왜냐하면 사람들은 고립을 통해 다른 사람들을 비난하기 때문이다. 거드름 피우는 언행을 과시해서는 안 된다. 그 언행은 그것이 적합한 부류에게 맡겨져야 하고 심지어 종교적인 거드름을 피우는 언행도 우스꽝스럽다. 남자에게 남자처럼 보이는 것보다 더 잘 어울리는 것은 없다. 여자는 남성적인 것을 완벽성으로 과시할 수 있지만 반대의 경우에는 그렇지 않다.

276

자연과 기술의 도움으로 스스로의 정신을 새롭게 할 줄 알라. 7년마다 기질이 변한다고 한다. 이제 취향의 개선과 고양도 그렇게 변해야 한다. 나중에 매 단계와 더불어 새로운 완벽성이 추가될지라도 7년 후에 이성이 드러난다. 그러한 자연스러운 변화를 관찰하여 다른 사람들을 도와주어라. 그리고 다른 사람들의 개선을 소망하라. 높은 신분이나 직위를 가진 많은 사람들이 자신들의 행실을 바꾸었다는 것은 여기에 기인한다. 하지만 사람들은 때때로 행실이 크게 드러날 때까지 알아차리지 못할 것이다. 사람은 20세에는 공작이고, 30세에는 사자이고, 40세에는 낙타이고, 50세에는 뱀이고, 60세에는 개이고, 70세에는 원숭이이고, 80세에는 아무것도 아니다.

277

자랑할 줄 알라. 그것은 재능이 빛을 내는 것이다. 재능을 위해 유리한 시간이 찾아온다. 그 시간을 이용하라. 왜냐하면 모든 날이 반드시 승리의 날이 될 것이 아니기 때문이다. 작은 것이 크게 빛나고 중요한 것이 놀랍게 빛나는 화려한 사람들이 있다. 탁월한 재능에 그것을 자랑할 능력이 추가되면 그 재능은 기적이라는 명성을 얻는다. 우선 빛은 화려한 창조를 드러나게 했다. 자랑은 많은 것을 보완하고 많은 것을 대체하며 특히 실제적인 내용에 근거할 때 모든 것에 제2의 삶을 부여한다. 완벽성을 부여하는 하늘은 또한 자랑하는 성향을 갖추도록 해 준다. 왜냐하면 둘 중의 하나만으로는 부적합할 것이기 때문이다. 예술은 자랑에 속한다. 다른 것들은 심지어 가장 탁월한 것도 상황에 따라 달라지고 반드시 자신의 날을 갖고 있는 것은 아니다. 자랑은 좋지 않은 때에 하면 실패한다. 왜냐하면 그것은 허영심에 가깝고 허영심은 경멸에 가깝기 때문이다. 자랑은 평범해지지 않도록 매우 온건해야 한다. 과도함은 현명한 사람들에게는 나쁘게 보인다. 때때로 자랑은 무관심 때문에 완벽성을 나타나게 함으로써 무언의 웅변을 한다. 왜냐하면 완벽성을 현명하게 은폐하는 것은 그것을 가장 효과적으로 과시하기 때문인데 그 이유는 그러한 회피를 통해 사람들의 호기심이 자극되기 때문이다. 모든 완벽성을 갑자기 폭로하지 않고 개별적인 시험을 은밀한 시선에 맡기는 것은 매우 능숙한 일이다. 모든 훌륭한 성취는 더 큰 성취의 증거가 되어야 하고 첫 번째 성취에 대한 박수갈채에 이미 다음 성취에 대한 기대가 내재되어 있다.

278

모든 종류의 악평을 피하라. 왜냐하면 장점 자체도 그것에 걸려들자마자 잘못이 되기 때문이다. 악평은 늘 비난당하는 이상함에서 생긴다. 사람들은 별난 사람을 혼자 내버려 둔다. 심지어 아름다움도 과도해지면 우리의 명성에 해롭다. 왜냐하면 아름다움은 모든 눈을 끌어당김으로써 모욕하기 때문이다. 그러니 명성이 나쁜 유별난 행위는 더욱더 불리할 것이다. 어떤 사람들은 심지어 악덕을 통해 유명해지려고 한다. 그들은 아주 불명예스러운 명예를 소유하기 위해 타락 속에서 표창을 구한다. 통찰력에서조차도 과도함은 수다로 변질될 수 있다.

279

적대자에게 반박하지 말라. 반박이 간계에 기인하는지 아니면 논리에 기인하는지 그 여부를 구별해야 한다. 그것이 항상 고집은 아니고 때때로는 기교다. 그러면 전자의 경우에는 어려움에 빠지지 않도록 주의하고 후자의 경우에는 파멸에 이르지 않도록 주의하라. 첩자를 경계하는 것보다 더 좋은 계략은 없다. 영혼의 방해자들에 대한 최선의 계략은 주의하는 것이다.

280

우직한 사람이 되어라. 정직하게 처리하던 방식은 불필요하다. 책임은 인정되지 않고 서로를 칭찬할 만한 행동이 발견되는 것은 드물고 오히려 최선의 직무는 최악의 대가를 얻는다. 나쁜 경향이 있는 완전한 국가들이 있다. 어떤 국가들에서는 늘 배신을 두려워해야 하고 어떤 국가들에서는 불안정을 두려워해야 하며 제3의 국가에서는 기만을 두려워해야 한다. 사람들의 나쁜 행동은 우리에게 있어 모방의 대상이 되어서는 안 되고 주의의 대상이 되어야 한다. 그런 하찮은 일을 주시하면 우리의 정직성이 흔들릴 위험이 있다. 그러나 우직한 사람은 남들이 어떤 사람이고 자신이 누구인지를 결코 잊지 않는다.

281

통찰력이 있는 사람들에게 호의를 구하라. 비범한 사람의 미온적인 긍정은 박수갈채보다 더 높이 평가될 수 있다. 왜냐하면 지혜로운 사람들은 통찰력이 있어 그들의 칭찬은 다른 사람들에게 무한한 만족을 주기 때문이다. 사려 깊은 안티고노스는 모든 영예를 제논에게만 돌렸고 플라톤은 아리스토텔레스를 그의 학파라고 불렀다. 많은 사람들이 자신의 배를 채우는 것만 염두에 둔다. 그들은 심지어 가장 혐오스러운 쓰레기도 먹을 것이다. 심지어 군주들도 저술가를 필요로 하고 추한 여자들이 붓을 두려워하는 것 이상으로 저술가의 펜을 두려워한다.

282

부재를 통해 자신에 대한 존경심을 촉진하라. 출석이 영예를 감소하게 만들듯이 부재는 그것을 증대한다. 부재중에 사자로 간주된 사람은 출석할 때면 단지 우스꽝스러운 기형아에 불과했다. 위대한 인재들은 접촉을 통해 그 광채를 상실하는데 왜냐하면 정신의 위대한 내용을 보는 것보다 외면의 껍질을 보는 것이 더 쉽기 때문이다. 상상력은 얼굴보다 더 멀리 미치고 귀를 통해 들어오는 속임수는 눈을 통해 나간다. 명성의 중심에 조용히 있는 사람은 자신의 명성을 유지할 것이다. 불사조도 숭배되기 위해 모습을 숨기고 높이 평가되기 위해 자신을 숨기며 그로 인해 야기된 욕구를 이용한다.

283

창의력을 지녀라. 이 재능은 최고의 천재성을 증명한다. 다만 어떤 천재가 약간의 광기도 없이 견딜 수 있겠는가? 창의력이 천재적인 사람들의 문제라면 적절한 선택은 사려 깊은 사람들의 문제다. 전자는 하늘의 특별한 선물이며 훨씬 드문 경우에 속한다. 왜냐하면 적절한 선택은 많은 사람들이 할 수 있지만 훌륭한 창의력은 소수의 사람에게만 가능하기 때문이다. 새로운 것은 사람들을 유혹하고 그것이 성공하면 곱절로 빛난다. 판단의 문제에 있어서 새로움은 역설 때문에 위험하지만 천재성의 문제에 있어서는 칭찬할 만하다. 하지만 성공하면 다른 것과 마찬가지로 박수갈채를 받는다.

284

집요한 사람이 되지 말라. 그러면 좌천당하지 않을 것이다. 남들에게 존경을 받고 싶으면 스스로 존중하라. 자신의 인격에 대해 관대하기보다 오히려 인색한 사람이 되어라. 군중들의 열망 가운데 도착하는 사람은 아마도 영접을 받을 것이다. 부르지 않는데 결코 가지 말고 요청이 올 때에만 가라. 자발적으로 무엇인가를 시도하는 사람은 잘못되면 모든 분노를 떠안을 것이다. 반면에 잘 되더라도 사람들은 그에게 감사하지 않을 것이다. 집요한 사람은 모든 종류의 경멸과 거부가 그의 이름 위에 누적된다. 그가 무례하게 비집고 들어갔기 때문에 그는 수치스럽게 잊힌다.

285

남의 불행에 동조하지 말라. 늪에 빠진 사람이 누구인지 알아 두어라. 그리고 그가 나중에 불행을 같이 나누고 위로받기 위해 우리를 부르리라는 것을 기억해 두어라. 그러한 사람들은 자신들이 불행을 짊어지는 것을 도울 누군가를 찾고 자신들이 불행할 때 등을 돌린 사람에게 손을 내민다. 익사 직전에 있는 사람들을 위험을 자초하는 일 없이 돕기 위해서는 커다란 주의가 필요하다.

286

누구에게 어떤 일에도 결코 신세를 지지 말라. 그렇지 않으면 노예가 되거나 모든 사람들의 노예가 되기 때문이다. 어떤 사람들은 다른 사람들보다 더 행복한 조건에서 태어난다. 전자는 좋은 일을 하기 위해, 후자는 그것을 받기 위해 태어난다.

자유는 남의 선물보다 훨씬 더 소중하다. 자기 자신이 누구에게도 의존하지 않아야 하고 많은 사람들이 자신에게 의존하는 것에 주의해야 한다. 지배의 유일한 장점은 더 많은 호의를 베풀 수 있는 것이다. 부과되는 의무를 호의로 받아들여서는 안 된다. 왜냐하면 이는 대개 타인의 의도적인 계략일 수 있기 때문이다.

287

흥분 상태에서 결코 행동하지 말라. 그렇지 않으면 모든 것을 파멸시킬 것이다. 제정신이 아닌 사람은 자신의 의지로 행동할 수 없다. 늘 열정은 이성을 추방한다. 그러한 경우에는 현명한 중재자를 입회하게 하라. 그리고 열정이 없는 사람은 누구나 중재자가 될 것이다. 늘 관중은 게임에 참여하는 선수보다 더 많이 보는데 왜냐하면 그들은 냉정하기 때문이다. 당황했다는 것을 알아채자마자 지혜는 후퇴 신호를 보내야 한다. 왜냐하면 피가 완전히 끓어오르면 사람들은 지독하게 어떤 문제에 착수하고 얼마 후에 자신에게는 모욕을 위한 소재를 제공하고 다른 사람들에게는 비방을 위한 소재를 제공할 것이기 때문이다.

288

기회를 따르며 살라. 우리의 행동, 우리의 생각 그리고 모든 것은 상황에 따라야 한다. 할 수 있으면 소망하라. 왜냐하면 시간과 기회는 누구도 기다리지 않기 때문이다. 덕을 위한 경우를 제외하고는 행해진 의도에 따라 살지 말고 의지에 일정한 법칙을 지정하지도 말라. 왜냐하면 오늘 거부한 물을 내일 마셔야 할 것이기 때문이다. 어떤 시도를 하는 데 있어 미친 변덕을 부리면서 달리해서는 안 된다고 요구할 정도로 괴팍하고 짓궂은 사람들이 있다. 반면에 지혜로운 사람은 현명한 목표가 기회를 따라야 하는 데 있다는 것을 알고 있다.

289

그가 누구든 다른 사람들과 비슷한 모습을 보이면 그를 과소평가하게 된다. 사람들이 그를 아주 인간적으로 바라보는 그날, 사람들은 그에 대해 신적으로 생각하는 것을 멈춘다. 경솔함은 명성의 최대 장애물이다. 자제하는 사람이 인간 이상으로 간주되듯이 경솔한 사람은 인간 이하로 간주된다. 그것보다 더 경멸할 잘못은 없는데 왜냐하면 경솔함은 신중하고 중요한 진지함의 정반대이기 때문이다. 경솔한 사람은 숙고가 필요한 나이가 되었을 때 숙고할 수 없는 사람이다. 아주 많은 사람들이 그러한 오점을 지니고 있지만 그럼에도 불구하고 그것은 특히 굉장히 경멸스럽다.

290

존경과 사랑을 공유하는 것은 어렵다. 대개 존경을 유지하기 위해 지나치게 사랑을 받아서는 안 된다. 사랑은 증오보다 무모하다. 애정과 존경심은 잘 합일될 수 없다. 물론 지나친 경외의 대상이 되어서는 안 되지만 지나치게 사랑을 받아서도 안 된다. 사랑은 친밀함을 수반하는데, 친밀함이 앞으로 내딛는 매 걸음마다 존경심은 한 걸음씩 뒤로 물러난다. 헌신적인 사랑보다 오히려 존경하는 사랑을 받아야 한다. 따라서 그것은 완전한 사람들에게 적합하다.

291

시험할 줄 알라. 현명한 사람의 주의는 주의 깊은 사람의 자제와 경쟁해야 한다. 낯선 사람을 헤아리기 위해서는 높은 지능이 요구된다. 잡초와 돌의 성질을 아는 것보다 사람의 기질과 성격을 아는 것이 더 중요하다. 그것은 삶에서 가장 통찰력 있는 활동 중의 하나다. 두들겨서 나는 소리로 금속의 종류를 알 수 있고 말에서 사람의 내면을 알 수 있다. 말은 정직성을 보이지만 행위는 더 많은 것을 보인다. 여기서는 엄청난 주의, 깊은 관찰, 세련된 이해 그리고 올바른 판단이 필요하다.

292

인격이 직위의 책임을 능가해야 한다. 그 반대가 되어서는 안 된다. 지위가 아무리 높다 할지라도 인격은 지위보다 우월함을 보여 주어야 한다. 포괄적인 정신은 점점 더 확산되고 직위에서 더욱더 드러난다. 반면에 편협한 사람은 곧 약점을 보여 주고 결국 의무와 부서진 명성으로 파산할 것이다. 위대한 아우구스투스 황제는 군주로서보다 인간으로서 더 위대한 것에 자신의 명예를 걸었다. 여기서 높은 감각이 도움이 되고 아주 신중한 자신감도 크게 기여한다.

293

성숙에 대하여. 성숙은 외모에서 빛나고 관습에서 더욱더 빛난다. 물질적인 중요성은 금을 귀중하게 여기고 도덕적인 중요성은 사람을 귀중하게 여긴다. 성숙은 모든 능력을 넘어 어떤 예절을 전파하고 존경심을 자극한다. 사람의 태연함은 그의 영혼의 얼굴이다. 태연함은 경솔함이 그것을 갖고 싶어 하듯이 어리석은 사람의 완고함에 있지 않고 매우 조용한 권위에 있다. 태연한 말은 문장이고 그 활동은 성공적인 행위다. 태연함은 매우 완벽한 사람을 요구하는데 왜냐하면 누구나 성숙함을 갖고 있는 한 완벽한 사람이기 때문이다. 어른이 되면서 그는 진지함과 위엄을 갖추기 시작한다.

294

자신의 의견을 자제하라. 누구나 자신의 관심에 따라 견해를 표현하고 본인이 그 견해에 대해 풍부한 근거를 갖고 있다고 믿는다. 왜냐하면 대부분의 사람들에게 있어서 판단은 성향에 자리를 양보해야 하기 때문이다. 두 개의 서로 상충되는 의견들이 만나는 일이 있고, 늘 분명한 이성은 이중의 얼굴을 가진 적이 없지만 다른 의견의 사람들은 각자 자신이 이성을 갖고 있다고 믿는다. 아주 어려운 사항에서 현명한 사람은 신중하게 착수해야 하고 그러면 자기 자신에 대한 불신은 적의 행동에 대한 판단을 바꿀 것이다. 그는 한 번 타인의 입장에 서서 타인이 주장하는 이유들을 검토해야 한다. 그러면 그는 그렇게 고집을 피우며 타인을 비난하고 자신을 정당화하지 않을 것이다.

295

활동적으로 보이지 말고 실제로 활동해야 한다. 많은 사람들은 아무 이유 없이 자신이 중요한 일을 한다는 가상을 자신에게 부여한다. 그들은 박수갈채의 카멜레온이고 모든 사람들에게 커다란 웃음거리다. 허영심은 어디서나 역겹지만 여기서는 특히 더 우스꽝스럽다. 그러한 명예의 개미들은 위업을 구걸한다. 반면에 자신이 가진 최대의 장점을 전혀 과시해서는 안 된다. 행동에 만족하고 다른 사람들에게 그것에 대한 평가를 맡겨라. 자신의 행위를 희생하되 그것을 팔지 말라. 또한 현명한 사람들이 역겹게 욕설을 쓰는 황금 펜을 빌리지 말라. 영웅처럼 보이기보다는 오히려 영웅이 되려고 노력하라.

296

숭고한 성격을 가져라. 일급의 성격은 일급의 사람들을 만들고 일급의 사람들 중의 한 사람은 다수의 평범한 사람들보다 더 가치가 있다. 위대한 사람은 정신의 모든 성격들이 위대하도록 더욱더 자신을 훈련해야 한다. 신 안에서 모든 것은 무한하고 헤아릴 수 없다. 그렇게 영웅은 모든 행위와 말도 충만하며 훌륭한 숭고함을 갖추고 등장할 정도로 위대하고 위엄이 있어야 한다.

297

늘 사람들이 보는 것처럼 행동하라. 사람들이 자신을 보거나 볼 것이라는 것을 아는 사람은 신중한 사람이다. 그는 낮말은 새가 듣고 밤말은 쥐가 듣는다는 것을 알고 있고 나쁜 행동은 밖으로 나오기 위해 폭발할 기세라는 것을 알고 있다. 그는 혼자일지라도 마치 온 세상 사람들이 지켜보고 있는 것처럼 행동한다. 왜냐하면 그는 사람들이 언젠가 모든 것을 알게 되리라는 것을 알고 있으므로 인식을 통해 나중에 증인이 되어야 하는 사람들을 이미 현재의 증인으로 삼기 때문이다. 온 세상 사람들이 보고 싶어 하는 것을 예측한 그는 사람들이 그의 집 안에서 다음 집으로부터 그를 관찰할 수 있었다는 사실을 꺼려하지 않았다.

298

세 가지 중요한 덕목이 있다. 즉 생산적인 천재성, 심오한 이성 그리고 숭고한 동시에 유쾌한 취향은 사람들을 움직이게 하는 마술사를 만들며 관대하신 신께서 내리신 최고의 선물이다. 올바르게 파악하는 것은 커다란 장점이지만 훨씬 더 큰 장점은 올바르게 생각하고 선에 대한 통찰력을 갖는 것이다. 이성은 척추에 있어서는 안 된다. 거기서 이성은 예리하기보다는 힘겨울 것이다. 올바르게 생각하는 태도는 이성적인 본성의 소산이다. 20세에는 의지가 지배하고 30세에는 천재성이 지배하고 40세에는 판단이 지배한다. 아주 어두운 곳에서 아주 올바르게 인식함으로써 흡사 살쾡이의 눈처럼 빛을 발산하는 사람들이 있다. 다른 사람들은 어떤 기회를 위해 필요한데 왜냐하면 그들은 늘 현재의 목적에 가장 많이 이용되기 때문이다. 그들에게는 많은 좋은 것들이 제공된다. 행복한 생산성이여! 좋은 취향은 삶 전체의 흥을 돋운다.

299

굶주림을 남겨 두어라. 감로주가 채워진 술잔일지라도 입술에서 떼어내야 한다. 욕구는 가치 평가의 척도다. 심지어 육체의 갈증에서도 굶주림을 달래되 완전히 없애지 않는 것은 훌륭한 일이다. 좋은 것은 적으면 더욱 좋다. 마음에 드는 것이 포화 상태라면 위험하고, 불멸의 탁월성에 경멸을 끌어들일 수 있다. 중요한 규칙은 식욕을 떠난 굶주림을 통해 식욕이 자극되는 것을 발견해야 하는 것이다. 만약 불만을 야기해야 하면 향유에 대한 싫증을 통해서보다 오히려 초조한 욕구를 통해 불만을 야기해야 한다. 힘들게 얻은 행복은 더 크게 향유된다.

300

한 마디로 말해서 성인이 되어라. 그것으로 모든 것은 한 번에 이야기된다. 덕은 모든 완벽성의 결집이고 모든 복의 중심이다. 덕은 사람을 이성적이고 신중하고 사려 깊고 현명하고 지혜롭고 대담하고 숙고하고 정직하고 행복하고 인정하고 참되게 하며, 모든 면에서 영웅으로 만든다. 'S'로 시작하는 스페인어 중에서 세 가지 것, 즉 신성함, 건강 그리고 지혜는 사람을 행복하게 만든다. 덕은 소우주 혹은 작은 세계의 태양이고 그 영역은 양심이다. 덕은 매우 아름다워서 신과 인간 앞에서 호의를 얻는다. 덕 이외에는 아무것도 사랑할 만하지 않고 다만 악덕 이외에는 아무것도 혐오할 만하지 않다. 덕만이 진지한 문제이고 다른 모든 것은 농담이다. 능력과 재능은 행운이 아니라 덕에 의해 평가되어야 한다. 덕만이 완전한 것이다. 덕은 삶 속에서 인간을 사랑할 만하게 하고 죽음 속에서 기억해 둘 만하게 한다.

현실과 이상 사이에서 자신을 지키는 방법

발타자르 그라시안은 1601년부터 1658년까지 살았고 예수회신부와 수사학, 운율학, 문학, 철학 및 신학교수로서 활발히 활동했다. 그의 저서로는 《영웅》(1637), 《정치가》(1640), 《세계의 현자》(1646) 및 《혹평가 혹은 인간의 전반적인 악습에 대하여》(1651) 등이 있다.

그의 유명한 저서인 《세상을 보는 지혜》는 1647년에 처음으로 출간되었다. 세계적으로 유명한 이 저서는 300개의 문장과 격언으로 된 실천적인 삶의 교훈을 담고 있다. 19세기에 독일의 유명한 철학자인 아르투르 쇼펜하우어의 독일어 번역판은 그가 사망한 지 30년 후인 1862년에 비로소 인쇄되었고 오늘날까지 《세상을 보는 지혜》의 표준적인 번역으로 간주되고 있다.

《세상을 보는 지혜》는 수많은 지혜와 실천적인 행동규칙을 제시하고 있다. 이 불후의 명작은 17세기의 가장 유명한 글 중 하나이다. 훌륭한 취향과 세상의 지혜에 대한 깊은 생각을 불러일으키는 이 책은 금세기에 이르기까지 사회적 및 사교적인 행동과 교제의 형식에 큰 영향력을 행사했다.

그의 저서들에서 그라시안은 독자들에게 앞으로 나아가도록 거듭 훈계한다. 정신적으로 깨어있는 사람에게는 냉혹한 시대의 치명적인 위험으로부터 자기 자신을 보호하는 것이 중요하다. 저자에게는 영혼의 피해를 입지 않고 세상을 얻을 수 있도록 전투정신으로 무장하여 적대적인 환경에 대해 위협당한 자아를 방어하는 것이 중요한 것 같다. 그것은 성서에 나오는 비둘기와 뱀의 특성을 골라 취하는 것을 의미한다.

'Oráculo manual y arte de prudencia'라는 역설적인 제목을 간단히 살펴보면, Oráculo manual은 이 책이 에픽테투스로 대표되는 스토아철학 윤리의 고전적인 교본임을 암시한다. 에픽테투스가 말한 '자립적인 삶의 가르침'은 고대 스토아철학자의 간결한 표현형식과 마찬가지로 그라시안에게 큰 영향을 끼쳤다. 'arte de prudencia'는 그라시안의 위대한 선집이며 바로크 문체의 탁월한 분석을 보여주는 'Arte de ingenio'를 연상시킨다. 두 저서는 통찰력이 있는 사람을 위해 만들어졌으며 여기서 저자는 암호로 작성된 텍스트의 해독자로 활동한다.

이 점에서 텍스트 어느 곳에서나 발견되는 키워드가 명백하다. 그리고 그러한 키워드(열쇠)는 곁쇠나 고문 도구로 발전한다. "가장 효과적인 고문 도구는 감정을 움직이게 하는 도구이다." "위장된 의심은 호기심이 요구하는 것을 끄집어내기 위해 사용할 수 있는 가장 섬세한 곁쇠이다."와 같은 경구에서 비밀을 끌어내는 힘과 인위적인 기만이 걸러낼 수 있는 교활함이 언급된다. 그러한 도발적인 이미지들은 부정을 긍정으로 전환하는 교훈적인 맥락 속에서 이해될 수 있다. 속임수는 기술이고 기술은 속임수이다. 속임수로터 탈피하는 과정에서 몸소 경험하는 인간의 교제를 전반적으로 지배하는 위장술이 있다. 이 기술은 그에게 다른 사람들의 속임수를 정당방위의 행위로 만든다.

《Oráculo manual y arte de prudencia》는 현재에 대한 찬양으로 시작된다.

"모든 것은 극도로 발전했다. 그중 자신을 관철하는 기술은 최고의 절정에 이르렀다. 오늘날 한 명의 현인이 갖고 있는 자아 성찰의 정도는 과거에 일곱 명의 현인이 갖고 있던 것보다 더 크다. 오늘날 단 한 사람을 마음대로 다루기 위해서는 이전에 한 민족을 다루는 것보다 더 많은 것들이 요구되고 있다."

자신을 관철한다는 것은 그라시안에게 사고와 행위의 능력이 부여된 자주적인 인격으로 발전하는 것을 의미한다. 역사적 상황은 개인의 삶을 이전보다 어렵게 만들었다. 당시 스페인은 예전의 위대함을 잃은 데다가 경제적 위기에 처했고, 궁정에서는 권모술수가 만연했다.

그라시안은 자신의 독자에게 대세에 순응하도록 충고할 때마다 예수회의 가르침, 즉 순응하지 않을 수 있는 자유에 이용되는 정신적 유보를 설파한다. 이 점에서 그는 예수회의 창시자인 동시에 그의 동료인 이그나티우스 로욜라를 상기시킨다. 로욜라 자신은 물론 이름이 직접 거론되지 않지만 이 저서의 중심적인 대목에서 등장한다.

"마치 신의 수단이 없는 것처럼 인간의 수단을 사용해야 하고 마치 인간의 수단이 없는 것처럼 신적인 수단을 사용해야 한다. 이것은 논평이 필요 없는 위대한 규칙이다."

그라시안은 이 규칙의 전반부를 철저히 준수해서 그의 저서의 마지막 경구에서 최종적으로 신성한 삶을 살 것을 독자들에게 호소한다.

"한 마디로 말해서, 성인이 되라. 그리고 그것으로 모든 것은 한 번에 이야기된다. 덕은 모든 완벽성의 결집이고 모든 복의 중심이다. 덕은 사람을 이성적이고 신중하고 사려 깊고 현명하고 지혜롭고 대담하고 숙고하고 정직하고 행복하고 참되게 하며, 모든 면에서 영웅으로 만든다."

노희직

1601년 1월 8일에 아라곤의 벨몬테 데 칼라타유드에서 출생했다.

1617년 톨레도에서 학업을 시작했다.

1619년 타라고나에 있는 예수회교단에 입회했다.

1620년 라틴어와 희랍어의 기본과정을 이수한 후에 하위 서품을 받고 칼라타유드에서 철학공부에 입학허가를 받았다.

1623–1627년 칼라타유드에서 철학을 공부하고 자라고자에서 신학을 공부했다.

1627년 칼라타유드에서 사제서품을 받고 라틴어 교사로서 활동을 시작했다.

1630년 발렌시아의 교단에서 목회자와 고해성사신부가 되었다.

1632년 레디아에서 가르쳤고 간디아대학에서 철학교수직을 얻었다.

1636년 우에스카에서, 그의 저서를 집필하는 데 큰 도움을 준 후안 빈센치오 데 라스타노사와의 우정이 시작되었다. 이 시기에 목회자로서 활동했다.

1637년 형제의 이름으로 그라시안의 《영웅》이 출간되었다.

1639년 마드리드의 궁정에서 노세라 백작과 교제했다.

1640년 《정치가–돈 페르난도 카톨릭교도》를 발표했다.

1641년 마드리드에서도, 왕의 궁정에서도 연설가로서 유명해졌다. 종종 사천여 명의 사람들이 그의 교회 앞에 서 있었다.

1642년 《고안의 기술》을 출간했고 타라고나에서 부총장에 임명되었다.

1644년 발렌시아로 좌천되었고 거기서 적대감을 느꼈다.

1646년 발렌시아에서 그가 지옥으로부터 편지를 받고 해독했다는 흉흉한 소문으로 인해 심하게 고생했다. 《현명한 세계인》이 출간되었다. 군대 성직자로서 탁월한 용감성으로 프랑스인들에 의해 점령된 레디아의 정복에 참가하고 '승리의 아버지'라는 이름을 얻었다.

1647년 그의 가장 유명한 저서인 《Oráculo manual y arte de prudencia》가 친구인 라스타노사의 거처인 우에스카에서 출간되었다.

1648년 《고안의 기술》 재판을 출간했다. 이 수사학 교과서는 그의 모든 저서들의 인문주의적인 배경을 드러낸다.

1651년 그의 유명한 책인 《혹평가》 제1부가 그라시안 데 마르로네스라는 가명으로 출간되었다. 사라고사에서 성서해석 교수로 학생들을 가르쳤다.

1652년 그의 저술 때문에 로마의 예수회장군인 독일인 코스빈 니켈에게 고소되었다.

1653년 《혹평가》 제2부가 출간되었으나 그의 출판활동에 대해 반대하는 교단과의 갈등이 커졌다.

1655년 곧 화해의 제스처로서 《성체 배령석》을 출간했다. 이것은 그가 자신의 이름으로 교단지도층의 허락으로 발표한 유일한 저서인데 왜냐하면 그 책은 종교적인 성격을 지니고 있기 때문이다.

1657년 《혹평가》 제3부가 출간되었다.

1658년 교수직에서 파면되고 그라우스로 좌천되었으나 교단에서 면직을 요청하여 부분적으로 복권되었다. 12월 6일에 타라조라에서 57세로 사망하여 그곳 예수회의 공동묘지에 매장되었다.

옮긴이 노희직

한국외국어대학교와 동대학원 독문학과를 졸업했다. 독일 튀빙겐(Tübingen) 대학교에서 독문학을 전공하고 박사학위를 취득하여 현재 한국외국어대학교에서 독문학을 강의하고 있다. 수 년 전부터 동아시아의 문화에 대해 관심을 갖고 특히 동아시아의 시각에서 한국, 중국 및 일본의 미술과 종교를 비교연구하고 있다. 최근에는 독일의 철학자 쇼펜하우어를 좋아하는 한 사람으로서《세상을 보는 지혜》를 번역했다.

세상을 보는 지혜

초판1쇄 펴낸날 2021년 4월 30일

지 은 이 발타자르 그라시안
옮 긴 이 노희직
펴 낸 이 장영재
펴 낸 곳 (주)미르북컴퍼니
자 회 사 더클래식
전 화 02)3141-4421
팩 스 0505-333-4428
등 록 2012년 3월 16일(제313-2012-81호)
주 소 서울시 마포구 성미산로32길 12, 2층 (우 03983)
E-mail sanhonjinju@naver.com
카 페 cafe.naver.com/mirbookcompany

* (주)미르북컴퍼니는 독자 여러분의 의견에 항상 귀 기울이고 있습니다.
* 파본은 책을 구입하신 서점에서 교환해 드립니다.
* 책값은 뒤표지에 있습니다.